装帧之道

刘娟绫 著

合肥工業大學出版社

图书在版编目(CIP)数据

装帧之道/刘娟绫著．—合肥：合肥工业大学出版社，2017.9
ISBN 978-7-5650-3599-9

Ⅰ.①装…　Ⅱ.①刘…　Ⅲ.①书籍装帧—研究　Ⅳ.①G256.1

中国版本图书馆 CIP 数据核字(2017)第 242659 号

装帧之道

刘娟绫　著　　　　责任编辑　王钱超

出　版	合肥工业大学出版社	版　次	2017 年 9 月第 1 版
地　址	合肥市屯溪路 193 号	印　次	2017 年 9 月第 1 次印刷
邮　编	230009	开　本	710 毫米×1010 毫米　1/16
电　话	人文编辑部：0551-62903205	印　张	10.5
	市场营销部：0551-62903198	字　数	189 千字
网　址	www.hfutpress.com.cn	印　刷	合肥现代印务有限公司
E-mail	hfutpress@163.com	发　行	全国新华书店

ISBN 978-7-5650-3599-9　　　　定价：39.00 元

2018 年度高校优秀青年人才支持计划项目

（gxyq2018239）

序

李倍雷

书籍装帧设计是一门艺术。书籍装帧设计主要体现在两个方面：一是书籍的形式要美，或者说书籍设计要有形式感；二是通过设计体现出书的内容。因此，书籍装帧设计对书本身的影响很大。书籍装帧设计的好坏，直接影响到人们对书的态度。我去书店买书，首先就看书籍的设计如何，做理论研究的读者，要看书籍的设计有没有学术性，或者有没有品位。有的书其实内容不错，也有较高的学术价值，但书的设计很像“地摊书”，没有品位，不但伤害了作者，也伤害了消费者。我们通常说书的“品相”好不好，指的就是书籍装帧设计。鲁迅先生常常自己设计他出版的书，他的很多书都是他亲自设计。这说明鲁迅对自己的书，无论从“内容”还是到“形式”都非常看重。鲁迅为何要亲自为自己的书设计，一个重要的原因就在于，好的书籍装帧设计直接体现了书的内涵和高端的品位。也因此，书籍封面设计用何种文化元素，是需要设计者对该书的内容有全面的理解来决定，以期达到最理想的书籍装帧设计。

书籍装帧设计自然离不开图案、图像、文字等元素。鲁迅是将图案及文字带入到书籍设计的开拓者和奠基人之一，他从中华民族文化中的汉画像、木刻、插图等艺术形式中挖掘书籍设计元素，同时也借鉴国外插图、版画等，为中国书籍装帧开辟了面目一新的发展路径。人们常说：“只有站在巨人的肩膀上，才能看得更远。”《装帧之道》正是在前人的路径中，探讨当今书籍装帧设计之道。该书首先以鲁迅的书籍装帧设计为起点，对我国20世纪早期书籍装帧设计艺术发展历程做了较为详细的梳理，对从鲁迅开始至陶元庆、钱君匋、陈之佛等人的书籍装帧设计做了分析与诠释，并对该时期的我国书籍装帧设计的风格做了整体的描述，分析了书籍封面设计的语言特征以及装帧的形式。当然，梳理历史是为了展望当下。因此，该书的重点在当今书籍装帧设计方面的探索，剖析了当下书籍装帧中图形语言的运用。《装帧之道》运用实例，从封面到版式，从书籍形态到装帧材料，从纸质书籍到电子书籍，探索我国现代书籍装帧民族化发展的方向，尤其在设计元素与书籍内容和形式方面做了较好的分析和探讨。譬如当下的“电子书”、手机媒体的数字化图书平台的设计，以及适合老年人群阅读的书籍，该书都做了较好的分析与阐释。应该说作者对书籍装帧设计的思考是比较全面的，除了传统的书籍设计，对数字化图书的设计都有周到的考虑。这也是该书的一大特点。

目　录

第一章　民国时期书籍装帧的发展

第一节　鲁迅与书籍装帧

一、书籍封面

鲁迅先生（1881—1936）是新文化运动中的主将之一，不仅仅是在文学领域，在艺术领域，他致力于推动中国木刻版画艺术的发展，同时他还是中国近现代书籍装帧艺术的奠基人之一。他把一本书视为一件艺术品，对书籍的设计一直持严谨认真的态度。鲁迅先生对中国现代书籍装帧的贡献不仅仅在于他设计了几十本书籍的封面，而在于他将不同艺术元素融入书籍装帧中。虽然时代在不断向前发展，但鲁迅关于书籍装帧的思想仍然影响着现代书籍装帧的发展。鲁迅对书籍装帧的贡献在于他改变了设计上的“老套”，在传统固有装帧模式的基础上开拓创新。同时他也关注书籍封面、题字、装饰、版式到插图，以及书籍选用的纸张和装订形式，从整体角度考虑书籍的装帧。鲁迅设计的封面，就其形式可分为三类：一是题字形式，着力于位置的经营，装帧上一般称为“素封面”；二是将书的题字图案化，也是巧于安排布局；三是除文字排列外，并施以图案花纹。[①]

1. 题字形式

鲁迅的大部分杂文集的封面都是他亲自设计的，采用隶书、行书和

① 张道一. 鲁迅与书籍装帧［J］. 南京艺术学院学报，1978（2）：70.

美术字来为书名题字，打破了民国时期传统的书籍装帧形式，即中国古代的图书装帧，从简策装到线装，经过了千余年的历史演变。到了光绪末年，随着石印、铅印技术的广泛应用，书籍装帧也相应发生新变化，如在线装书的书衣上舍去书名签条，改排铅字，或用书法题写书名。[①]采用隶书题写书名的书籍如《准风月谈》，采用行书题写书名的书籍有《热风》（1925 年）、《中国小说史略》（1925 年）、《二心集》（1932 年）、《三闲集》（1932 年）、《伪自由书》（1933 年）、《南腔北调集》（1934 年）、《且介亭杂文》（1937 年）、《且介亭杂文二集》（1937 年）等。《热风》（图 1－1）的书籍封面和鲁迅大多数用毛笔题写书名的书籍封面类似，都是选用白色封底，封面仅有书名和作者姓名的字样，即便是这样简洁的封面设计，鲁迅仍然在设计细节上下功夫。其一体现在字体形式上，虽然是行书，书法取中锋运笔，巧妙设计“热”字左边的提手旁并转化为“丰”字，下面四点简化成一横；其二在字体颜色上，一改白底黑字的封面形式，采用红色作为封面字体的颜色，醒目且别具一格。《二心集》（图 1－2）和《三闲集》（图 1－3）的封面字体也同样采用红色，当然也有采用白底黑字的封面。《伪自由书》（图 1－4）、《南腔北调集》

图 1－1　《热风》封面

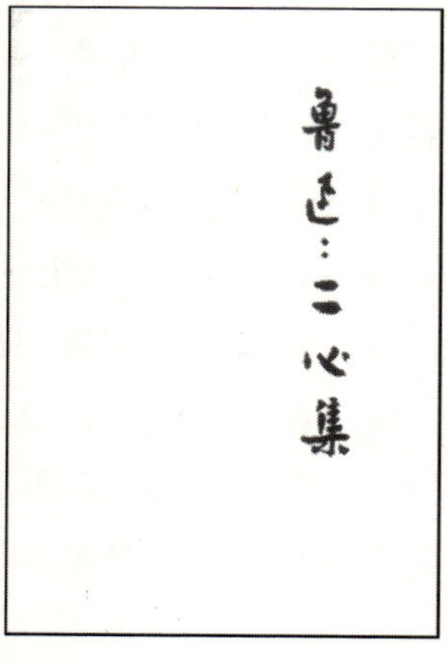

图 1－2　《二心集》封面

① 吴永贵．民国出版史［M］．福州：福建人民出版社，2011.

（图 1－5）、《中国小说史略》（图 1－6）封面书名的题字和作者的题字都选用黑色，具有浓厚的学术感。

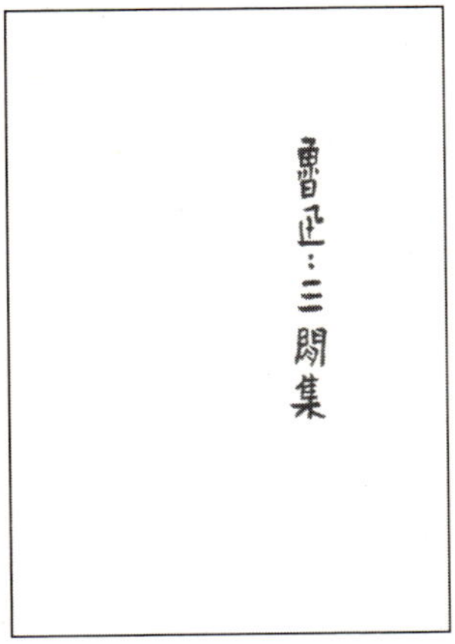

图 1－3 《三闲集》封面

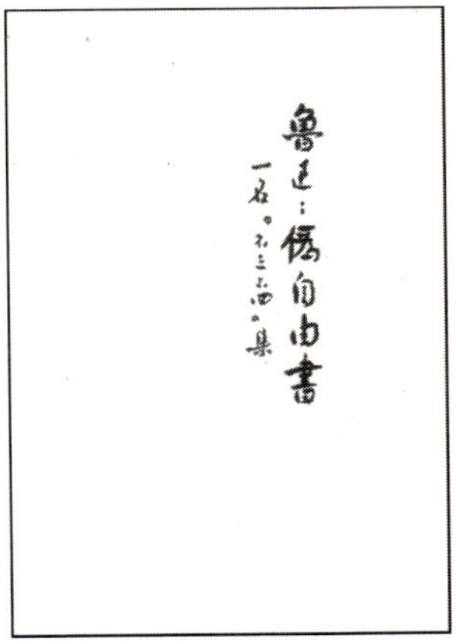

图 1－4 《伪自由书》封面

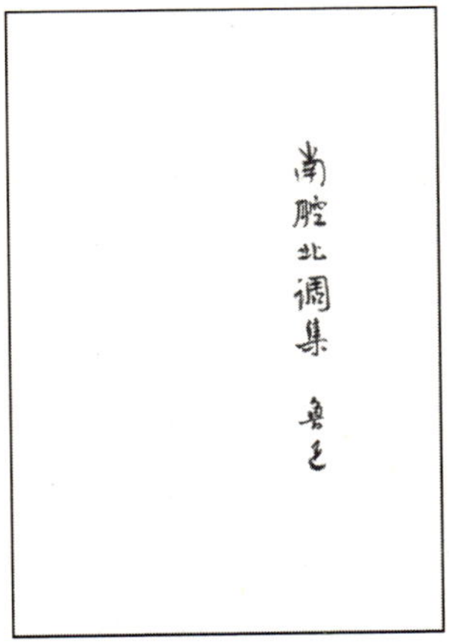

图 1－5 《南腔北调集》封面

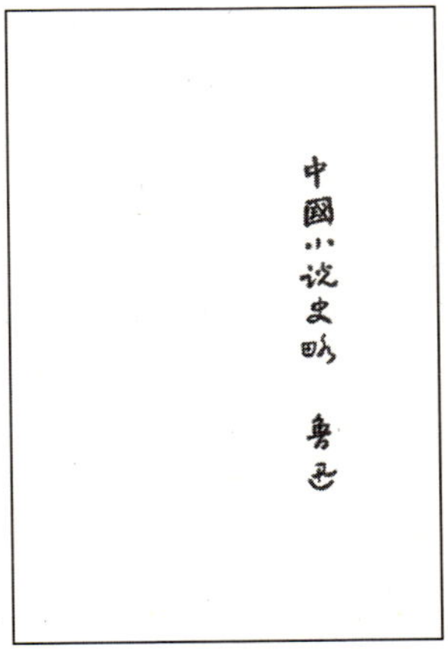

图 1－6 《中国小说史略》封面

《且介亭杂文》（图 1－7）和《且介亭杂文二集》（图 1－8）的封面仍延续前面几本书的风格，题字选用黑色，不同的是采用“鲁迅”的名印替代署名。《木刻纪程（壹）》（图 1－9）是 1934 年出版的木刻集，本书设计也是采用“素封面”的形式，设计的创新之处在于虽然采用传统的线装，但是在开本上采用西洋书籍的开本尺寸，“木刻纪程”是鲁迅亲自书写的，四个字分为两行排列中间以横线分割，“壹”字位于右侧，庄重大方。鲁迅先生除了采用书法题字的方式做书籍封面，还采用铅字排版，这也是石印、铅印改变了传统的古籍形式。即便采用了铅字，鲁迅先生仍然对封面上字体的大小、颜色以及排列等下功夫，如《文学丛刊》《文化生活丛刊》《西窗小书》等。即便是排印书名，即便是简单的铅印书名或者书法题写书名，鲁迅仍旧坚持他对书籍装帧认真严谨的态度，书籍的封面设计呈现出多样化的表现手法，如《花边文学》（1936 年）的封面，在居中位置竖排书名和作者名，但是在书名和作者名的外围以近似三角形的二方连续图案围成长方形（图 1－10）。这个纹样的选用首先起到了装饰效果，其次与书名相呼应。正如鲁迅在此书的序言中写道：“这一个名称，是和我在同一营垒里的青年战友，换掉姓名挂在暗箭上射给我的。那立意非常巧妙：一，因为这类短评，在报上登出来的时候往往围绕一圈花边以示重要，使我的战友看得头疼；二，因为‘花边’也是银圆的别名，以见我的这些文章是为了稿费，其实并无足取。”① 有了花边的装饰使封面更具有形式感，也起到一语双关的作用，可以看出鲁迅对书籍封面设计的良苦用心。书籍封面的汉字设计上除了以上两种表现方式外，鲁迅先生也融入民族特色，《准风月谈》（1934 年）（图 1－11）的封面虽然采用书法题写书名，但和其他用书法题写书名的封面不同的是作者名选用红色印章的表现形式，最醒目的红色部分不是书名而是写有“旅隼”字样的朱文印一方，

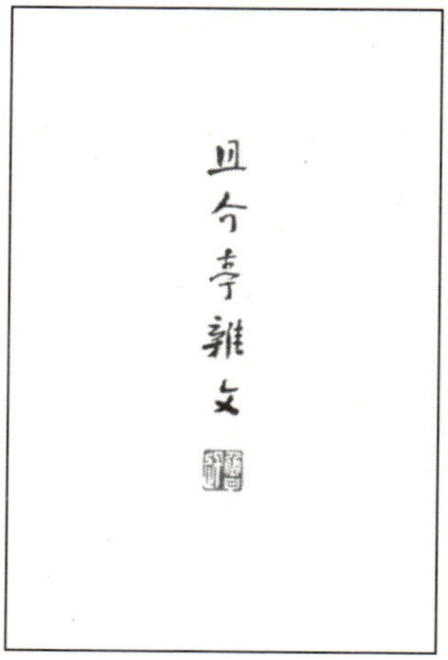

图 1－7　《且介亭杂文》封面

① 鲁迅．花边文学［M］．北京：人民文学出版社，1973.

"旅隼"和"鲁迅"音相近，或从同音蜕变。

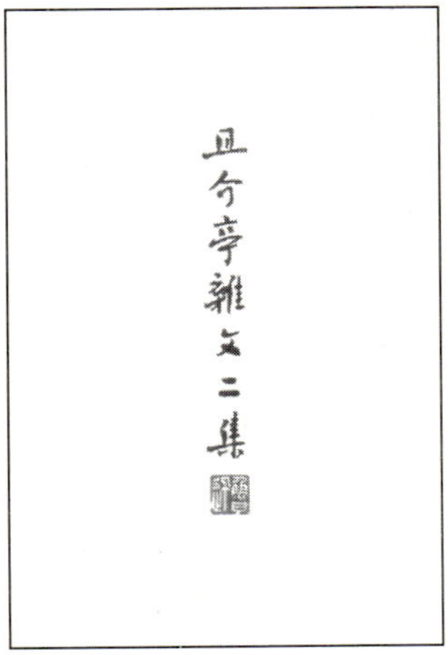

图 1-8 《且介亭杂文二集》封面

图 1-9 《木刻纪程（壹）》封面

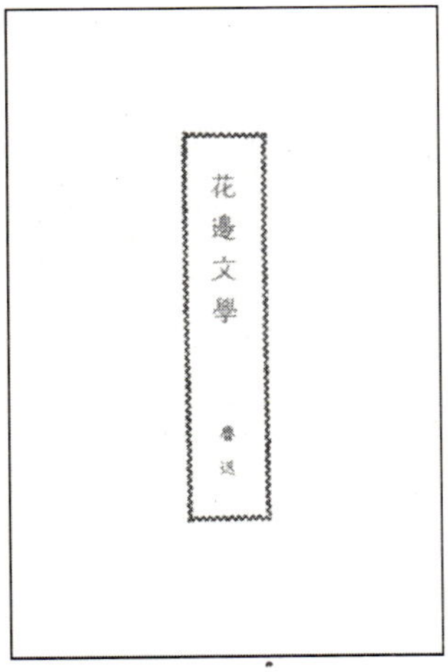

图 1-10 《花边文学》封面

图 1-11 《准风月谈》封面

2. 题字图案化

书名包括书名内容、书名用字和书名位置。其中，书名用字又是封面设计的核心，无论书名是什么，都需要通过字体的形态外化出来，何种书名选用何种字体来表现体现出了装帧设计的水平。题字被图案化后创造出新颖的装饰字体，同时图案化的处理也隐喻出书籍的思想，与书籍内容有着共通的解读。鲁迅除了亲自撰写书名，还亲自绘制封面字体，以题字图案化的形式呈现在封面上的书籍有《呐喊》（1923年）、《而已集》（1926年）、《华盖集》（1926年）、《华盖集续编》（1927年）、《引玉集》（1934年），期刊有《朝花》（1928年）、《奔流》（1928年）、《萌芽月刊》（1930年）、《文艺研究》（1930年）等。在当时社会大多数书籍封面设计都比较单一的情况下，封面的字体经过精心设计后呈现出图案化的表现形式，与书籍内容相得益彰，开创了除毛笔字之外题字的新面貌。研究鲁迅对于书籍封面题字的表现，把鲁迅设计的封面题字与他的文艺活动例如小说、诗歌、木刻版画等联系起来，整体看待，可以体会到鲁迅对封面字体设计的思想所在。虽然书籍装帧只是他所有艺术创作活动中很小的一部分，但他对书籍装帧不遗余力的提倡并亲自投入创作工作，尤其是他对书籍封面的偏爱，可以看出鲁迅非常重视书籍的封面设计。

题字图案化，重点在图案化，鲁迅正是将观念融入题字构造中形成图案。《呐喊》（1923年）是旧中国的一面镜子，每篇故事都照出当时中国人可怜可悲的形象，直击心灵，沉甸甸的心情让人不能忘怀。书籍的封面（图1－12）是由鲁迅亲自设计，封面上没有过多的装饰，而是在字体笔画上做文章，重点突出“呐喊”两个字中的三个“口”形，呼应“呐喊”，而呐喊两个字却被黑色的、封闭的方形边框

图1－12　《呐喊》封面

包围，颇有画意，烘托“呐喊”所要抒发的情感，正如鲁迅在此书自序中写道：“假如一间铁屋子，是绝无窗户而万难破毁的，里面有许多熟睡的人们，不久都要闷死了，然而是从昏睡入死灭，并不感到就死的悲哀。现在你大嚷起来，惊起了较为清醒的几个人，使这不幸的少数者来受无可挽救的临终的苦楚，你倒以为对得起他们么？”[①] 可以看出鲁迅对《呐喊》题字的创作围绕着这本书隐喻的思想。鲁迅以字体中三个“口”为切入点，构造出既能表达文字信息又具有装饰性的构图方案。同时，《呐喊》封面题字的三个“口”和边框所围合的封闭形态构成的图案与封面红黑色的反差处理都具有强烈的对比关系。视觉形式上的对比也会产生强烈的艺术感染力。《呐喊》中充满了个人与群体、群体与群体的矛盾关系，在这样具有强烈矛盾对立的关系中展现人物性格。对比艺术也是鲁迅小说的一大特色，对比加强了小说的深刻性。鲁迅对小说、杂文的创作，思想深刻，只有深刻的思想内容才能发挥文字作为革命武器所具有的强有力的战斗力。这体现了鲁迅“为人生而艺术”的思想境界。正如鲁迅所说“不在沉默中爆发，就在沉默中灭亡”，其作品富有个性鲜明的艺术表现力。

如果说《呐喊》这本书题字图案化的设计表现为字体内部的变化，那么随着鲁迅对题字图案化的不断探索与创新，他在图案化的处理上有了更大的变化，开始注重字体的装饰性，具体成果就是为《而已集》所做的设计。《而已集》（1926 年）是鲁迅的杂文集，封面中字体图案化的处理从字体向字体外部延伸。《而已集》（图 1－13）的题字处理上就采用了点与线的结合，在汉字的形态上增添点和线，点隐喻着许多泪和许多血，线编织成复杂的情感，寓意着视觉的“情绪”，让人过目不忘。他在此书的题词中这样写道：“这半年我又看到了许多血和许多泪，然而我只有杂感而已……我于是只有‘而已’而已！”[②] 题字选用黑色，虽然只是仅仅几个字的处理便赋予了封面强烈的艺术感染力，看上去颇

① 鲁迅．呐喊［M］．北京：鲁迅全集出版社，1941.

② 鲁迅．而已集［M］．上海：北新书局，1933.

有画意。题字外留出黄色的空白，黄色象征着腐化堕落，衬托并呼应书名，给读者留出更多的思考空间。正如有的论者所言："所以鲁迅将小说中人物的面部涂以黄色，从颜色隐喻化方式来看，是颜色域投射于人体域，两者在外表和功能相似性的作用下，就形成了黄色脸面的隐喻意义，即人类生命萎缩、衰弱，完全丧失了原始的生命活力。"① 题字图案化传递了文字以外许多特殊信息，诸如情感、情绪、灵魂、精神等。

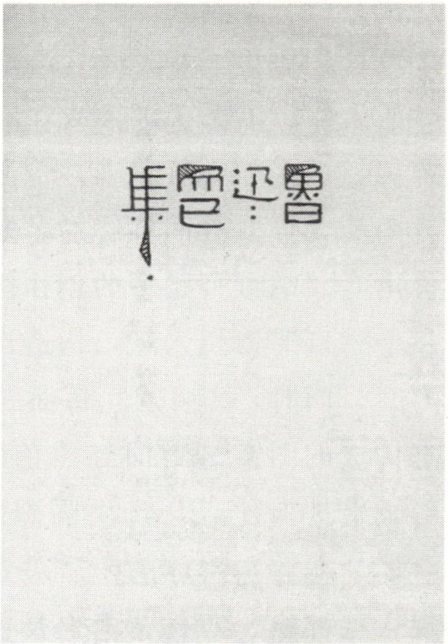

图 1－13　《而已集》封面

此类设计风格正如他小说中塑造的典型人物形象一样，精炼而传神。在没有其他过多装饰的封面设计中，通过对题字图案化的创作隐喻出书籍的思想内容。鲁迅对于小说的创作注意题材和对题材的深度挖掘，即便短短几千字也赋予深刻的思想，具有强烈的艺术感染力。他在创作典型人物时采用精炼、传神的文字描绘人物，如孔乙己出场时的寥寥几笔便勾勒出人物面貌、出身、社会地位、性格特点、遭遇等多角度的内容：

孔乙己是站着喝酒而穿长衫的唯一的人。他身材很高大；青白脸色，皱纹间时常夹些伤痕；一部乱蓬蓬的花白的胡子。穿的虽然是长衫，可是又脏又破，似乎十多年没有补，也没有洗。他对人说话，总是满口之乎者也，教人半懂不懂的。②

典型的塑造，基于原型基础上的再创造，正如他对题字的设计，在

① 孙淑芳．论鲁迅小说中色彩语码的隐喻内涵［J］．鲁迅研究月刊，2014（9）：37.

② 《鲁迅文集全编》编委会．鲁迅文集全编［M］．北京：国际文化出版公司，1995.

不影响文字识别性的基础上对题字再创造。鲁迅对图案艺术十分感兴趣，早在1909年他出版并设计了《域外小说集》（第一册、第二册）（图1－14、图1－15）的封面，这是他亲自设计的第一本书的封面，封面上采用横幅式图案，这在当时书籍封面设计中可以说算是首创。1923年以后，鲁迅又设计了《国学季刊》《桃色的云》《心的探索》等，均选用汉画像作为封面的图案。如果说《呐喊》《而已集》是对题字图案化的尝试，那么《华盖集》《引玉集》则是在《呐喊》《而已集》题字图案化的基础上向民族风格的延伸发展。

图1－14 《域外小说集》（第一册）封面

图1－15 《域外小说集》（第二册）封面

《华盖集》（1926年）和《华盖集续编》（1927年）是两本杂文集，鲁迅在《华盖集续编》（图1－16）的小引中写道："年月是改了，情形却依旧，就还叫《华盖集》。然而年月究竟是改了，因此只得添上两个字：'续编'。"[①] 《华盖集续编》封面题名的设计上采用同《华盖集》

① 《鲁迅文集全编》编委会．鲁迅文集全编［M］．北京：国际文化出版公司，1995.

（图 1－17）相同的版式，在题字的摆放上采用西方书籍的横排版，打破中国传统书籍竖排版的旧有方式，横排版的第一行是英文字，第二行是横写的冒号，第三行是书名。字体采用相同的宋体加粗的字样。《华盖集续编》的封面最大特点是在《华盖集》的基础上增添了一个红色长方形印章斜压在书名“盖”与“集”中间。印章内是“续编”两个字，“续编”两个字在字体上添加点和线做了图案化的处理，红色的“续编”与黑色的“华盖集”形成字形与颜色的鲜明对比，此意更突出红色的“续篇”。《华盖集续编》封面采用红色图章与字体巧妙组合形成的图案，字体向字体外部延伸，成为被人们熟知的类似图案中的适合纹样，这样独具匠心的设计既可以打破传统书籍封面用毛笔题写书名的固有模式，也起到醒目封面的作用，又可以传达出作者赋予书籍的思想。《引玉集》（1934 年）（图 1－18）是鲁迅出版的又一本木刻集，收录了苏联 11 位版画家的 59 幅作品，从封面的题字中展示出书籍的内容。封面采用淡黄色作为底色，在红色的长方形中嵌入

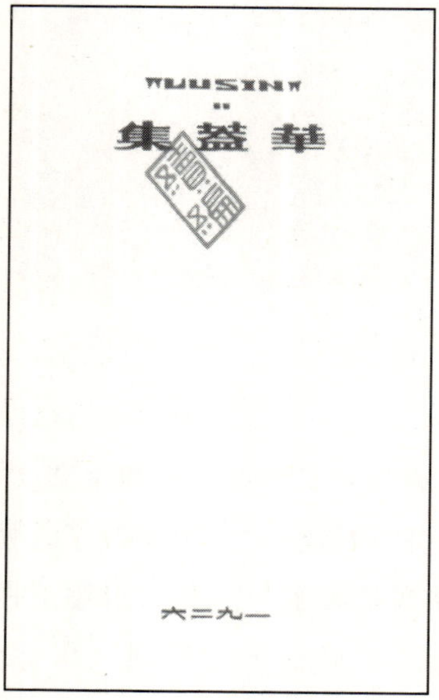

图 1－16　《华盖集续编》封面

图 1－17　《华盖集》封面

我国版刻“乌丝栏”，这里的红色并不是被隐喻为病症，而是体现了中国传统文化中的红色情结，被赋予了美好的象征意义。将11位苏联版画家的名字与“木刻59幅”几个字编排在八横排中，左边竖排书名和一个放在圆形中的镂空的“全”字，表现出鲁迅对于木刻文化的创新构想，成为书刊出版的典范。同时，这样的巧妙设计很容易让读者理解书籍的内容，展现出书籍设计更为丰富的民族语言。

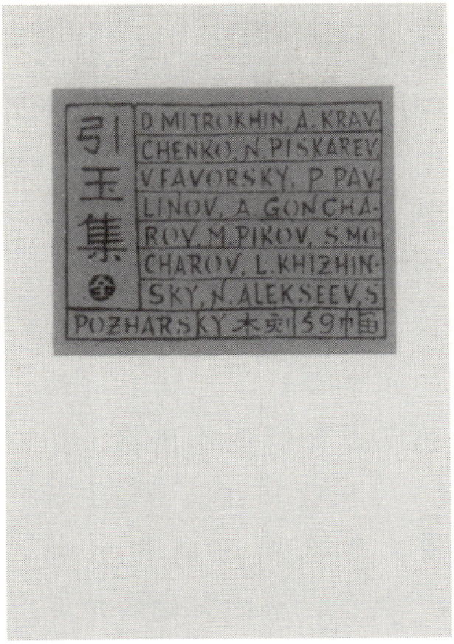

图 1-18　《引玉集》封面

鲁迅对于民族性的定位是前无古人的，具有开拓性的。鲁迅创作的民族化特征和当时所处的社会环境、历史条件以及鲁迅的创作风格不无关系。在那个特殊年代，由于木刻版画方便印制，对于思想宣传起到积极的推动作用，木刻版画既可以放在书刊中也可以作为宣传画，在发展过程中逐渐成为具有民族特色的艺术形式。鲁迅认为民族性是发展变化的，故步自封只会使民族艺术失去生命力，当它与现实生活紧密联系在一起才有旺盛的生命力。鲁迅在《论“旧形式的采用”》中提道：“旧形式是采取，必有所删除，既有删除，必有所增益，这结果是新形式的出现，也就是变革。而且，这工作是决不如旁观者所想的容易的。”① 鲁迅对待书籍题字的设计也正如他的小说、木刻版画，大胆创新吸取国外的新的表现方法，同时又继承和发展优秀的民族传统文化，很好地将两者融合形成独特的民族风格。

① 《鲁迅文集全编》编委会．鲁迅文集全编［M］．北京：国际文化出版公司，1995.

期刊与书籍不同，期刊内容的各个栏目都相对独立，互不联系，但期刊有它的延续性，每一期每一栏目都围绕着办刊宗旨。期刊封面题字的风格也是期刊办刊理念的外在表现，期刊封面的图案可能会因每一期而不同，但期刊名的“体貌”则会随着每一期期刊的出版一直沿用下去，因此期刊的题字也是有别于其他期刊的较为重要的特征表现。鲁迅也十分重视期刊的题字设计，延续了书籍封面题字设计的创作风格，如《奔流》《萌芽月刊》《文艺研究》等。鲁迅提炼期刊名的“体貌”特征，从图案化的角度为字体增添独特的“色调”是鲁迅对期刊题字设计的“定调”。《奔流》（图 1－19）是鲁迅、郁达夫共同主编的文学月刊，1928 年 6 月 20 日创刊于上海。鲁迅把办刊的思想融入刊物的题字上，他巧妙对“奔”和“流”两个黑体字勾以黑边形成字体的笔画连接，由此构成了畅通的“渠道”，在规整的形态中形成一种流动感，在期刊的封面上尤为醒目，呼应“奔流”的含义。《萌芽月刊》（图 1－20）是鲁迅、冯雪峰主编的大型文艺月刊，1930 年 1 月 1 日创刊于上海。这本期刊的封面延续了《奔流》简约、醒目的设计风格，在题字的版式上大胆创新，采用横排和竖排相结合的方式，题字的体量占据了封面的大部分版面，但字体的巧妙变化体现在通过字体笔画上的粗细变化，呈现出有方向感的笔触，好似正在生长中的萌芽，使题字更具有萌芽的动势，富有朝气，打破了期刊题字固有的横排或竖排的版式。与《萌芽月刊》题字方式相同的还有鲁迅主编的

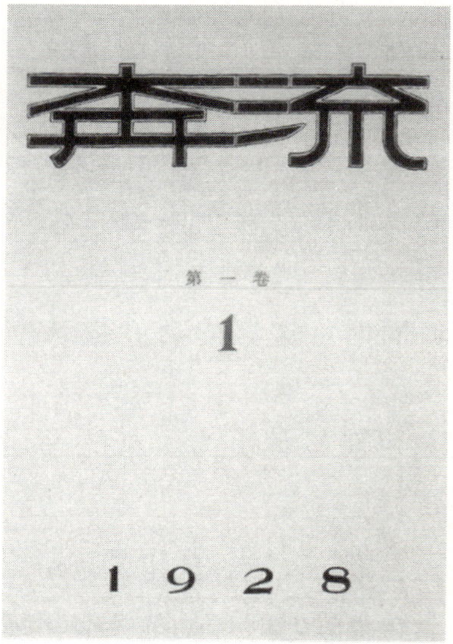

图 1－19　《奔流》封面

《文艺研究》（图 1－21），也是创刊于 1930 年，题字占据了封面的大部分版面，不同的在于封面上不再仅仅只有题字还配以插图，字体上也有相应的变化，题字较封面上的插图更能给人留下深刻的印象。鲁迅对期刊封面的革新，是艺术性与思想性的有机统一，每一本期刊的题字都各有特色。题字图案化不仅仅是表达期刊的求变办刊思想，更体现了期刊面目一新的装帧风格。鲁迅从期刊题材到题字都做到量体裁衣，每一本期刊都像一件独特的艺术品，令人耳目一新。

图 1－20　《萌芽月刊》封面

《野草》（图 1－22）是鲁迅的散文集，出版于 1927 年。封面的题字是鲁迅亲自题写的美术字，在这两个字中采用不同的书写方式，在不同中寻求统一，对“野”和“草”两个字中所含的“田”和“日”进行相同的处理，将其中两个笔画连接起来，字体的结构上采用上宽下窄，体现了统一中有变化，变化中有统一。这种处理方式既不影响书名的识别性，也体现出书名的独特性。

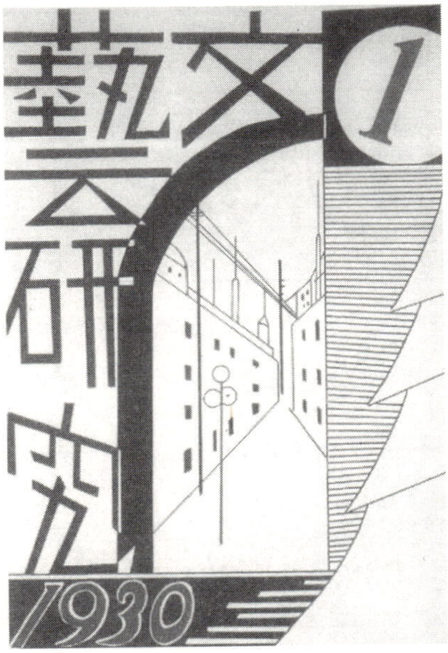

图 1－21　《文艺研究》封面

封面由孙福熙作画，背景是天空与荒漠连成一片深灰色，具有苍凉感，分不清楚何为夜晚何为白天，零星点缀几条不规则的线条划过天空。《小彼得》（图 1－23）是匈牙利女作家海尔密尼亚·至尔·妙伦的著作，由许广平据日文翻译、鲁迅校改的童话故事集，出版于1929年。书名的美术字采用外文字体的方式，但不失汉字的本体，突出装饰性和趣味性。书名设计是对书籍内容的二次创作，读者通过书名感知书籍的内容。鲁迅对于书籍封面题字图案化的创作是书籍封面的点睛之笔，正如他在《我怎么做起小说来》里提道："要极省俭地画出一个人的特点，最好是画他的眼睛。"[①] 鲁迅在封面文字的基础上进行图案化表现，让人过目不忘。具有图案化特征的封面字体是中国现代书籍装帧艺术不可分割的一部分，它给一代又一代装帧艺术工作者留下了宝贵的艺术财富，值得今天的书籍装帧艺术工作者继承和发扬，尤其是鲁迅对待书籍设计的革新思想和严谨态度，以及对民族文化的执着追求。

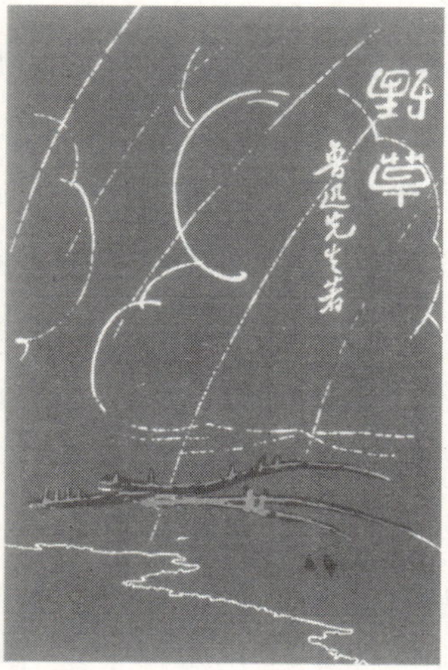

图 1－22　《野草》封面

图 1－23　《小彼得》封面

① 鲁迅．南腔北调集［M］．南京：译林出版社，2014.

3. 封面画

鲁迅多从图案、木刻版画、插图三个方面选取素材用于不同的书籍封面。

3.1　图案

鲁迅十分重视民族文化遗产，中国是图案大国，鲁迅也特别擅长图案设计。鲁迅在书籍封面设计中采用了很多图案作封面的主题形象，尤其喜爱汉代石刻，这与他特别看重汉画像的艺术价值有关系。汉画像从自然到人文不同角度反映汉文化的特征，以表现人物形象和故事为主，鲁迅曾盛赞“汉画像的图案，美妙无伦”。鲁迅热衷于搜集汉画像，无论是友人赠送还是自行购买，哪怕节衣缩食也要攒钱买回心仪的汉画像。鲁迅希望像推广版画一样推广民族的汉画像。他在 1934 年 6 月 9 日致台静农的信中说：“对于印图，尚有二小野心。一，拟印德国版画集，此事不难，只要有印费即可。二，即印汉至唐画像，但唯取其可见当时风俗者，如游猎、卤簿、宴饮之类，而着手则大不易。”[①] 他把搜集到的汉画像与友人分享，让大家欣赏到气魄雄大的汉人石刻，这也表现出鲁迅推动木刻版画发展的用心。

鲁迅看重汉代石刻源于对中国木刻艺术发展现实角度的考虑，木刻艺术的发展需要素材的滋养，他认为：“中国自然最需要刻人物和故事”。而当时的木刻艺术发展遇到的困难是现有的木刻家最不擅长的是木刻人物，于是他选印汉代石刻画像供木刻青年们参酌。创造和发展中国的新艺术，必须对民族传统的文化艺术有所传承，有所借鉴，鲁迅把富有民族特色的汉画像带入到书籍设计中，也是情理之中。从另一个侧面也可以看出虽然鲁迅收集汉代的石刻画像是为了推动和倡导新兴木刻运动，但是他对民族文化的推崇不仅仅局限于木刻版画。汉画像作为珍贵的民族文化遗产，应该更为广泛地传承与发展，正如他把汉画像运用到书籍装帧中。他曾对老友许寿裳说：“汉

① 张望．鲁迅论美术［M］．北京：人民美术出版社，1982.

画像的图案，美妙无伦，为日本艺术家所采取。即使是一鳞一爪，已被西洋名家交口赞许，说日本的图案如何了不得，了不得，而不知其渊源固出于我国的汉画呢。”① 汉画像是我国民族文化宝库中一份弥足珍贵的文化遗产。回到书籍装帧的角度，也体现了鲁迅对于传承与发展汉画像的良苦用心。鲁迅把推崇汉画像的初衷带到了书籍封面中，也为书籍封面提供了“民族文化的养分”。

《桃色的云》（图 1-24）是俄国盲诗人、童话作家爱罗先珂的著作，鲁迅翻译并设计了封面，出版于 1923 年。封面上采用汉画像的图案，在颜色的处理上，采用亮丽的橘红色，而汉画像的拓片是黑色。在当时的社会环境下，鲁迅选用汉画像并赋予鲜明的色彩，给书籍封面设计带来了突破性的表现力。钱君匋在《鲁迅与书籍装帧》序中提及：“鲁迅提出是不是可以更多运用一些民族形式，他认为我国古代的青铜器和画像石，都有极其优秀的图案纹样和人物描写，如果把这种传统东西运用到封面设计中去，大概会有强烈的民族风格出现。”②《唐宋传奇集》（图 1-25）

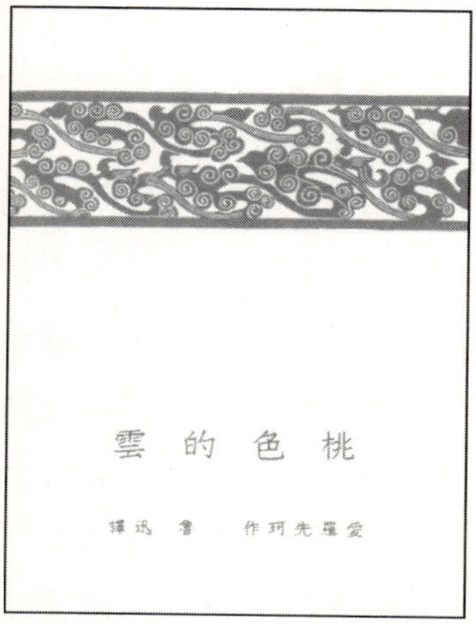

图 1-24 《桃色的云》封面

图 1-25 《唐宋传奇集》封面

① 钦文.《鲁迅日记》中的我［M］. 杭州：浙江人民出版社，1979.

② 钱君匋. 书衣集［M］. 太原：山西人民出版社，1986.

上下册分别在1927年和1928年出版，书籍封面上的装饰图案原来不是用于此书，而是鲁迅请陶元庆为他主编的《莽原》的封面所作，鲁迅认为留作他用比较好，于是这幅汉画像出现在鲁迅校录的《唐宋传奇集》的封面上，鲁迅还画出了封面的设计草图（图1-26），便于印刷厂参照。我们可以从鲁迅回复陶元庆的信中看到当时鲁迅对书籍封面的构思。

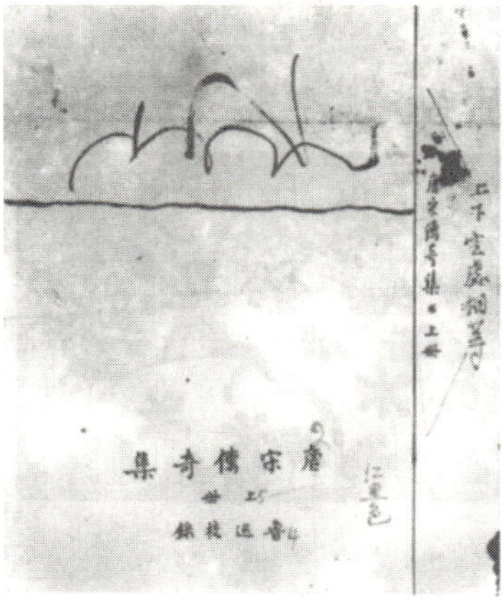

图1-26 《唐宋传奇集》设计稿

致陶元庆

璇卿兄：

已收到寄来信的画，感谢之至。

但这一幅我想留作另外的书面之用，因为《莽原》书小价廉，用两色板的面子是力所不及的。我想这一幅，用于讲中国事情的书上最合宜。

我很希望兄有空，再画几幅，虽然太有些得陇望蜀。

鲁迅 二月二十七日（1926）①

《心的探险》（图1-27）并不是鲁迅的著作而是高长虹撰写的散文及诗集，1926年出版。高长虹曾在太原、北京、上海诸地组织发起“狂飙运动”，为“狂飙运动”的主将，被鲁迅誉为“奔走最力者”。鲁迅编校并设计此书的封面，封底选用青灰色发丝纸，图案选用赭色。在该书目录页后有一行说明：“鲁迅掠取六朝人墓门画像作书面，但没有说明画像的出处。直到1927年1月《语丝》周刊登出《厦门通信（三）》，我才知道鲁迅先生收藏着大量汉魏六朝的碑刻拓片，并有《汉画像考》

① 《鲁迅文集全编》编委会．鲁迅文集全编［M］．北京：国际文化出版公司，1995.

《六朝造像目录》之作。”[1] 封面上部是云纹，下部是龙纹，画面主体是飞腾于云间的群魔，无论是兽首人身还是鸟首人身，都好似《山海经》里的神话，趣味生动，充满了六朝时期神秘的色彩。封面采用汉画像作为素材，图案采用竖构图的方式且打破边框。从封面图案的内容到构图的不拘一格都与作者的创作风格相近。《国学季刊》（图 1－28）是北京大学出版的学术期刊，创刊于 1923 年，封面由鲁迅设计，选用汉画像石刻图案，运用图案的连续排列的组合方式，民族风格浓郁。

图 1－27　《心的探险》封面

图 1－28　《国学季刊》封面

张道一在《深沉雄大的砖石精神——汉画像石和画像砖的艺术成就》一书中提出：

然而，有不少美术史的专著却忽略了汉代的画像石。因为它来自于民间，为工匠之作，也有的是对它不认识。金石家从宋代起就注意到了它的存在，但多是摹拓上面的文字，当作书法，对其图像则

① 唐弢．唐弢文集（第六卷）·鲁迅研究卷（上册）［M］．北京：社会科学文献出版社，1995.

不重视。较早的研究嘉祥汉画的两部专著，一部是清代道光年间瞿中溶的《汉武梁祠堂画像考》，另一部是1931年印行的容庚的《汉武梁祠画像图录和考释》，两部书都是考据性的，还不能说是侧重于艺术的研究。真正重视汉画艺术的先行者是鲁迅，他不但真正从艺术的角度审视了画像石，并且对画像石作了正确的评价。[①]

除了汉画像，鲁迅选用了其他的图案作为书籍封面的设计素材。如《近代木刻选集（1）》是1929年出版，是《艺苑朝华》丛刊第一期的第一辑，也是鲁迅印行的第一本版画书籍，收录了英、法、意、瑞典、美等国版画家的12幅作品，其封面图案选用的是外国美术书上的一个圆形图案，图案是由星空及彗星组成，如图1－29所示。鲁迅比较钟爱这个图案，在《奇剑及其他》（1929年）的封面（图1－30）中再次选用这个图案。同年4月《近代木刻选集（2）》出版，是《艺苑朝华》丛刊第一期的第三辑，收录了英、法、德、俄、美、日等国12幅木刻。这两本木刻选集向中国木刻爱好者传播国外版画的“木面雕刻”“木口雕刻”等基本知识。其封面与《近代木刻选集（1）》采用同样形式。

图1－29　《近代木刻选集（1）》封面

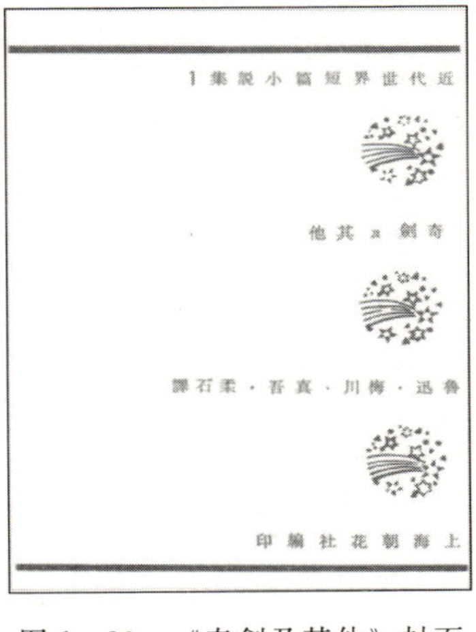

图1－30　《奇剑及其他》封面

① 张道一．张道一论民艺［M］．济南：山东美术出版社，2008.

3.2 木刻版画

中国很早就出现了版画，直到欧洲新的印刷术传入中国，版画才渐渐销声匿迹。鲁迅把西方的版画介绍到中国是希望中国的版画可以重新回归，且找到新的发展道路，因此他极力地推动我国新兴木刻运动的发展，并把它广泛用于书籍装帧以及插图上。鲁迅认为木刻："这实在是正合于现代中国的一种艺术"①。他一生都在致力于推动中国的木刻版画的发展。在前文论述《引玉集》这本木刻集的内容时，我们可以看到鲁迅对于西方先进思想采用"拿来主义"的方针和中国优秀传统文化相融合的双重方式推动木刻版画的创新。如何融合，鲁迅也给出他对中国木刻版画发展道路的想法，他在致何白涛的回信中这样写道："我以为中国新的木刻，可以采用外国的构图和刻法，但也应该参考中国旧木刻的构图模样，一面并竭力使人物显出中国人的特点来，使观者一看便知道这是中国人和中国事，在现在，艺术上是要地方色彩的。"② 这也是鲁迅在探索艺术道路中"异途同归"的思想，在提倡学习西方版画艺术的基础上取其精华去其糟粕，不断创新。

正如鲁迅在《引玉集〈后记〉》的结尾处写道：

> 我对于木刻的绍介……这是第三本，因为都是用白纸换来的，所以取"抛砖引玉"之意，谓之《引玉集》。但目前的中国，真是荆天棘地，所见的只是孤虎的跋扈和雉兔的偷生，在文艺上，仅存的是冷淡和破坏。而且，丑角也在荒凉中趋势登场，对于木刻的绍介，已有富家赘婿和他的帮闲们的讥笑了。但历史的巨轮，是决不因帮闲们的不满而停运的；我已经确切的相信：将来的光明，必将证明我们不但是文艺上的遗产的保存者，而且也是开拓者和建设者。③

鲁迅相继出版了《新俄画选》《蕗谷虹儿画选》《凯绥·珂勒惠支版

---

① 鲁迅．南腔北调集［M］．南京：译林出版社，2014.
② 张望．鲁迅论美术［M］．北京：人民美术出版社，1982.
③ 鲁迅．集外集拾遗［M］．北京：人民文学出版社，2006.

画选集》《苏联版画集》等国外优秀的版画集。《新俄画选》(图1-31)收录了9位苏联版画家的绘画和木刻作品13幅(其中一幅为首页小图),出版于1930年,《艺苑朝华》丛刊第一期第五辑。鲁迅在《集外集拾遗〈新俄画选〉》的小引中说道:“新俄的美术,虽然现在已给世界上以甚大的影响,但在中国,记述却还很聊聊。这区区十二页,又真是实不副名,毫不能尽绍介的重任,所取的又多是版画,大幅杰构,反成遗珠,这是我们所十分抱憾的。”[①]《新俄画选》包括7幅绘画,5幅木刻,包含了苏联著名的木刻大师法复尔斯基的作品《莫斯科》,是我国出版的第一本苏联版画集。鲁迅介绍这些国外版画给中国的读者,并不是为了介绍版画而推崇版画,而是希望中国版画家和版画爱好者能学习国外优秀的文化,并以此鼓励中国的年轻人学习这些优秀的文化精髓,且灵活运用予以创新中国的版画,这对于中国版画是具有里程碑的意义。正如鲁迅在《新俄画选》小引中说道:“多取版画,也有另外一些原因:中国制版之术,至今未精,与其变相,不如且缓,一也;当革命时,版画之用最广,虽极匆忙,顷刻能办,二也。”[②]《蕗谷虹儿画选》(图1-32)出版于1929年,是《艺苑朝华》丛刊第一期的第二辑,小引中指出“《Modern Library》中的 A. V. Beardsley 画集一入中国,那锋利的刺戟力,就激动了多年沉静的神经,于是有了许多表面的模仿。但对于沉静,而又疲弱的神经,Beardsley 的线究竟又太强烈了,

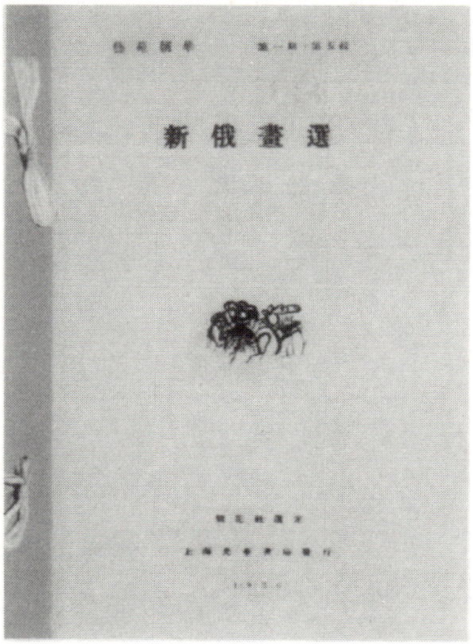

图1-31 《新俄画选》封面

① 鲁迅.集外集拾遗[M].北京:人民文学出版社,2006.
② 张望.鲁迅论美术[M].北京:人民美术出版社,1982.

这时适有蕗谷虹儿的版画运来中国，是用幽婉之笔，来调和了Beardsley的锋芒，这尤合中国现代青年的心，所以他的模仿就至今不绝。”[①] 《艺苑朝华》丛刊，始于1929年1月，不定期出刊，共出了5辑，历时一年半结束。《艺苑朝华》是由朝华社出版，朝华社成立于1928年，先出版了20期《朝花周刊》，于1929年5月停刊。

《坏孩子和别的奇闻》（图1－33）是鲁迅翻译俄国契诃夫的短篇小说并于1936年出版。鲁迅选用玛修丁的一幅木刻插画作为封面的装饰图案，他在《前记》中提道：“我的翻译，也以绍介木刻的意思为多，并不著重于小说。”[②] 可见鲁迅对插图怀有浓厚的兴趣。《解放了的董吉诃德》（图1－34）是苏联文艺批评家卢那察尔斯基的专著，出版于1934年，鲁迅编校，选用的毕斯凯莱夫的木刻画作为封面的主体形象，居中构图。

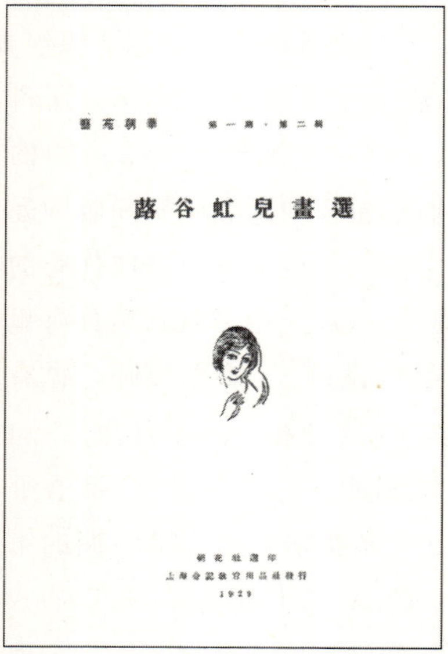

图1－32　《蕗谷虹儿画选》封面

图1－33　《坏孩子和别的奇闻》封面

① 鲁迅．集外集拾遗［M］．北京：人民文学出版社，2006.

② ［俄］契诃夫．坏孩子和别的奇闻［M］．鲁迅，译．北京：人民文学出版社，1953.

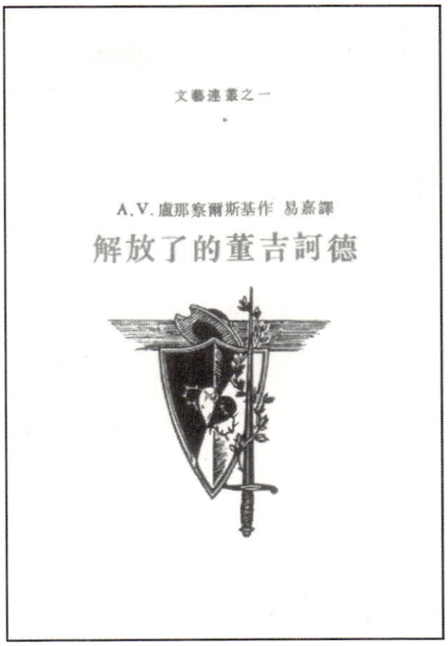

图 1－34　《解放了的董吉诃德》封面

3.3　插画

细数鲁迅设计的封面，无论是题字、题字图案化还是采用图案配以文字，鲁迅对于书籍封面设计的探索是较早尝试运用插画。《域外小说集》（图 1－35、图 1－36）于 1909 年出版，可能是中国现代书籍装帧设计中第一本将插画用于封面装帧的书。

图 1－35　《域外小说集》（第一册）上的图案

从这本书的封面设计可以看出鲁迅在追求书籍封面的特色发展道路上最初的探索，选用书籍内容中的外国插图与小篆字体的结合方式作为封面的表现形式，既考虑贴近这本书的内容，又要体现民族特色。有了第一本的探索，鲁迅拓展了书籍装帧的设计思路，并逐渐走向成熟。此后，他设计了类似风格的书籍封面，有《比亚兹莱画选》《小约翰》《在沙漠上》《近代美术史潮论》《奇剑及其他》《接吻》等。

图 1－36　《域外小说集》（第二册）上的图案

图 1－37　《比亚兹莱画选》封面

《比亚兹莱画选》（图 1－37），出版于 1929 年，是《艺苑朝华》丛刊第一期的第四辑，收录了英国画家比亚兹莱的 12 幅装饰画，其封面的装帧风格与《艺苑朝华》丛刊其他几辑相同，封面版式上没有什么变化，只是在封面居中位置的图案有所区别。此书封面的图案选用的是比亚兹莱的一幅装饰画。鲁迅在《比亚兹莱画选》小引中写道："视为一个纯然的装饰艺术家，比亚兹莱是无匹的。他把世上一切不一致的事物聚在一堆，以他自己的模型来使他们织成一致。"① 同年，鲁迅再版了翻译小说《小约翰》（图 1－38）。《小约翰》是荷兰作家望·蔼覃著的长篇童话小说，1928 年出版。当时的封面是由孙福熙设计，1929 年

① 《鲁迅文集全编》编委会．鲁迅文集全编［M］．北京：国际文化出版公司，1995.

再版此书的时候是由鲁迅亲自设计封面，选用的是勃伦斯的画作《爱神与鸟》中的插画《妖精与小鸟》作为封面的装饰图案，采用居中排版的手法，这是鲁迅选用插画作为封面所常用的表现形式。题字的设计还是延续了鲁迅的创作风格，“小约翰”三个字的风格清新并充满童话韵味，与插图相得益彰。《近代美术史潮论》（图 1 - 39）也是鲁迅翻译的一本美术论文集，于 1929 年出版。本书采用法国米勒的《播种》作为封面的装饰图案，是鲁迅用外国作品作为书籍封面设计素材的又一例。《毁灭》（图 1 - 40）是苏联法捷耶夫的长篇小说，鲁迅翻译，1931 年出版。封面采用的是苏联威绥斯拉夫所做的插画《袭击队员们》，除了中文题字以外还有外文作者名分别位于图上沿与下沿，版式不同于常用的封面表现手法。

图 1 - 38　《小约翰》封面

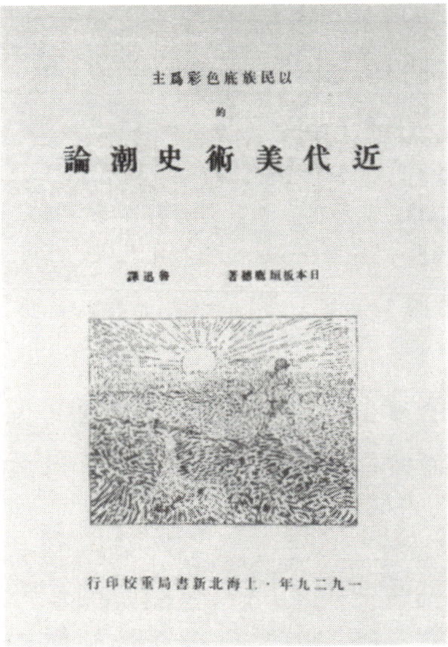

图 1 - 39　《近代美术史潮论》封面

除此之外，鲁迅不受任何框架的束缚，尽情发挥想象，在当时还未形成设计理论的状况下最大限度发挥设计的创作空间。我们看到了在当时文化环境和出版

图 1-40　《毁灭》封面

状态下，鲁迅先生为中国书籍装帧设计创造出足以让后人借鉴学习的范本。《萧伯纳在上海》（1933 年）（图 1-41）是鲁迅与瞿秋白编辑而成的有关萧伯纳的记载和评论的一本书。“所以这一本书，也确是重要的文献，在前三个部门之中，就将文人、政客、军阀、流氓、叭儿的各式各样的相貌，都在一个平面镜里映出来了。”① 封面设计上也体现出“在一个平面镜里映出来了”，正如这面平面镜，铺满了当时报道萧伯纳的报纸的版面剪影，交错叠放，体现出书籍内容的特性，也确是重要的文献。封面以赭红色为主色调，给人以热闹的视觉感受。题字采用老宋体，配以萧伯纳的画像，简单的线条勾勒出形象，与背景视觉感受形成强烈的对比。

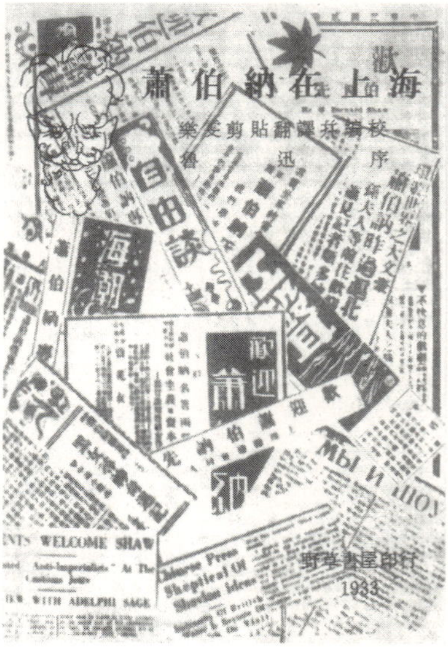

图 1-41　《萧伯纳在上海》封面

无论是采用汉画像作封面装饰，还是选用外国木刻或插画，都体现了鲁迅不断采用优秀文化并使其融入艺术创作中。鲁迅在致魏猛克的信

① 鲁迅．南腔北调集［M］．南京：译林出版社，2014.

中这样说道："新的艺术，没有一种是无根无蒂，突然发生的，总承受着先前的遗产，有几位青年以为采用便是投降，那是他们将'采用'与'模仿'并为一谈了。中国及日本画入欧洲，被人采取，便发生了'印象派'，有谁说印象派是中国画的俘虏呢？专学欧洲已有定评的新艺术，那倒不过是模仿。"① 鲁迅也请人帮其设计封面，陶元庆、钱君匋等装帧艺术家都为鲁迅设计过书籍封面，即便鲁迅请人设计封面也不放松对书籍装帧的要求。鲁迅深知封面设计受到书籍内容的制约，如果封面设计不是对书籍内容的深入了解，有时会闹出笑话。鲁迅说："作封面，但须知道内容大略。"他作为书籍设计者深知不易——对书籍装帧所下的苦心。因此，鲁迅凡请人设计封面，都会把书籍的书名、作者和书籍的主要情节、性质写出来，有时还会列举书中有关的形象。在 1925 年 9 月 30 日致许钦文的信中提道：

《未名丛刊》已别立门户，有两种已付印，一是《出了象牙之塔》，一是《往星中》。这两种都要封面，想托璇卿兄画之。我想第一种即用璇卿兄原拟画给我们之普通用面已可，至于第二种，则拟以另有一张为宜，而译者尤所希望也。如病已很复原，请一转托，至于其书之内容大略，别纸开上。②

在鲁迅的通信中提及关于书籍设计的内容大略是很多的，他对封面设计的良苦用心既体现在创作思路中，也体现在封面的印刷过程中，不放松对书籍印刷的要求。印刷是封面如实把设计者的思想呈现给读者的最后一关，印刷效果也会影响封面的效果。因此，鲁迅也十分关注书籍的印刷，如他在书信中经常提到关于封面印刷的问题："《象牙之塔》的封面，上一次太印在中间了，下面应该不留空白""《勇敢的约翰》已印成……书面上的字画，原拟是偏在书脊一面的，印出来却在中央，不好看了。"在 1926 年 10 月 29 日致李霁野信中说："……因为他所作的画，

---

① 张望．鲁迅论美术［M］．北京：人民美术出版社，1982.

② 《鲁迅文集全编》编委会．鲁迅文集全编［M］．北京：国际文化出版公司，1995.

有时是印得不成样子，这回《彷徨》在上海再版，颜色都不对了，这在他看来，就如别人将我们的文章改得不通一样。”① 鲁迅对印刷工作的认真严谨，也深深影响着其他装帧艺术家们。

二、书籍插图

我们提到鲁迅在封面设计中极力采用插图，他对书籍中的插图也十分重视，将书籍中插图的地位视为与宣传画一样，对推动书籍插图的发展做出了重要的贡献。鲁迅十分赞同“好的插画，比一张大油画之力为大”的观点，他一直热衷于书籍插画的创作。前面提到鲁迅热衷于搜集汉画像石，并将汉画像的特点运用到他极力推动的版画艺术发展上，版画作为插图出现在书籍中，其实这些都与他对书籍插图的特殊爱好有着密切的关系。前面列举了鲁迅用木版画、国外插画作品作为书籍封面的例子，不难发现鲁迅把插画作为书籍封面占相当大比例，而且插画较为普遍用在他翻译的书籍封面上，从这个角度我们也可以看出鲁迅通过他翻译的外文书籍向中国的读者打开一扇了解西方世界的窗口，同时也通过这些书籍选用的插画为中国的读者打开一扇了解外国插画艺术的窗口。1936 年 7 月，鲁迅在给《呐喊》捷克译本的翻译者雅罗斯拉夫·普实克的信中写道：“当作报酬，给我几幅捷克古今文学家的画像的复制品，或者版画（Graphik），因为这绍介到中国的时候，可以同时知道两个人：文学家和美术家。倘若这种画片难得，就给我一本捷克文的有名文学作品，要插画很多的本子，我可以作为纪念。”② 《壁下译丛》（图 1 - 42）出版于 1929 年，封面的插图选用日本的“先驱艺术丛书”其中一本书的封面插画。鲁迅设计这本书的思路仍然是从文学和艺术角度的双重考量，正如他在《壁下译丛》小引中写道：“原也是书面，没

---

① 钱君匋．书衣集［M］．太原：山西人民出版社，1986.

② 《鲁迅文集全编》编委会．鲁迅文集全编［M］．北京：国际文化出版公司，1995.

有署名，不知谁作，但记以志谢。”[①]

许广平在回忆鲁迅的文章中说：“大约是编《奔流》之故罢，当1928年的时候，他编书的脾气是很特殊的，不但封面欢喜更换，使得和书的内容配合，如托尔斯泰专号，那封面就不但有书名，而且还加上照片。内容方面，也爱多加插图，凡是他手编的书如《奔流》，以及《译文》，都显出这一特色。而插图之丰富，编排之调和，间或在刊物中每篇文稿的前后插些寸来大小的图样，都是他的爱好。即在现在研究起来，上述刊物拿到手头，没有人不觉得满意的。然后因之成本太大，老板们逐渐觉得为难了，也是事实。他自己却又没有如许资本自办刊物，因之往往很有未展怀抱之慨，这在鲁迅先生自己，是常以为憾的。”[②]《译文》创刊于1934年9月，是翻译外国文学的月刊。《译文》第一卷第三期（图1－43）的封面选用日本岩越二郎的木刻作品《车前草》。鲁迅通过《译文》这个平台向中国读者推荐很多优秀外国插画，他并不是因为翻译作品而附以插画，而是如他所说“这回的翻译的主意，与其说是为了文章，倒不如说是因为插画”[③]。这句话是鲁迅在出版《（奇闻三则）译后附记》中说的。《奇闻三则》整版刊登了三幅木刻，作者是苏联著名的版画家V. N. 马修丁。

图1－42 《壁下译丛》封面

① 《鲁迅文集全编》编委会. 鲁迅文集全编［M］. 北京：国际文化出版公司，1995.

② 张道一. 工艺美术论集［M］. 西安：陕西人民美术出版社，1986.

③ 《鲁迅文集全编》编委会. 鲁迅文集全编［M］. 北京：国际文化出版公司，1995.

这句话虽然是指苏联的 V. N. 马修丁的木刻，但类似的例子很多，足以看出鲁迅对插画的热爱。鲁迅对插画的热爱源于少年时的爱好，鲁迅曾经发表过关于插图的言论：“欢迎插图是一向如此的，记得世纪末，绘图的《聊斋志异》出版，许多人都买来看，非常高兴的。而且有些孩子，还因为图画，才去看文章，所以我以为插图不但有趣，且亦有益。”① 他把插图作为大众文艺的重要组成部分，体现了他重视民间美术作品的精神。鲁迅在介绍《表》这本儿童文学作品的同时，也将书中 22 幅孚克所作的插画（图 1－44）从德译本《表》中复制下来，正如他所说“插图不但有趣，且亦有益”，既可以把外国儿童文学介绍给中国读者，也可以让他们欣赏到外国插画。

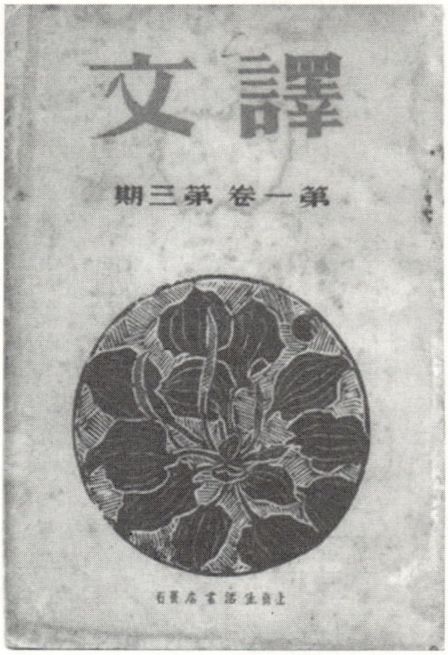

图 1－43　《译文》第一卷第三期封面

鲁迅在《近代木刻选集（1）》的小引中说道：“木版画之用，单幅而外，是作书籍的插图。”② 版画材料易得，做法简单易操作，视觉效果强烈。在鲁迅的倡导下，很多青年画家投身于版画创作，创作的版画用于插图，这在民国时期的插图创作中占据了很大一部分比例。鲁迅在 1933 年 5 月 9 日给邹韬奋的一封信件中提到书籍插图的问题，可以看出鲁迅先生对于书籍插图的重视，这封信写道：

① 张望．鲁迅论美术［M］．北京：人民美术出版社，1982.
② 鲁迅．集外集拾遗［M］．北京：人民文学出版社，2006.

图 1-44　老《译文》刊载的德译本《表》的插图　孚克作

致邹韬奋

今天在《生活》周刊广告上，知道先生已做成《高尔基》[①]，这实在是给中国青年的很好的赠品。

我以为如果能有插图，就更加有趣味，我有一本《高尔基画像集体》，从他壮年到老年的像都有，也有漫画。倘要用，我可以奉借制版。制定后，用的是那几张，我可以将作者的姓名译出来。[②]

（1933 年 5 月 9 日）

同时鲁迅也重视连环画，连环画与单幅插图相比，不受时间、空间的限制，通过连续的画面展现完整的故事情节。在木刻画发展的过程中，木刻连环画已经具备了和现今连环画相似的特点——连续的画面展现一个故事。鲁迅在《南腔北调集》中精辟总结："书籍的插图，

① 张望．鲁迅论美术［M］．北京：人民美术出版社，1982.

② 张望．鲁迅论美术［M］．北京：人民美术出版社，1982.

原意是在装饰书籍，增加读者的兴趣的，但那力量，能补助文字之所不及，所以也是一种宣传画。这种画的幅数极多的时候，既能只靠图像，脱离文字内容，和文字一旦分开，也成了独立的连环图画。”① 可见连环画是从书籍插图中发展而来的。插图可以说是书籍文字描述的有益补充，离开了文字，插图在情节上缺少连续性，而连环画则不一样。新文化运动以来，全国共发行了上百亿册连环画，如《西游记》《水浒传》《三国演义》等。鲁迅在文艺大众化运动有关“连环画”的论争中，先后两次为连环画辩护。1932 年鲁迅同苏汶就连环画的价值和地位等问题展开了论战；1934 年关于连环画如何创作和发展，鲁迅又与左翼文学阵营进行了讨论。鲁迅对于连环画的主张，让大众认识到连环画的艺术价值，中国连环画以独有的民族特色而受到广泛赞誉。

他在致何家骏、陈企霞的信中这样写道：

致何家骏、陈企霞

来信收到。连环图画是极紧要的，但我无材料可以介绍，我只能说一点我的私见：

一，材料，要取中国历史上的，人物是大众知道的人物，但事迹却不妨有所更改。旧小说也好，例如《白蛇传》（一名《义妖传》）就很好，但有些地方须加赠（如百折不回之勇气），有些地方须削弱（如报私恩及为自己而水满金山等）。

二，画法，用中国旧法。花纸，旧小说之绣像，吴友如之画报，皆可参考，取其优点而改去其劣点。不可用现在流行之印象画法之类，专重明暗之木版画亦不可用，以素描（线画）为宜。总之：是要毫无观赏艺术的训练的人，也看得懂，而且一目了然。

① 《鲁迅文集全编》编委会．鲁迅文集全编［M］．北京：国际文化出版公司，1995.

还有必须注意的，是不可堕入知识阶级以为非艺术而大众仍不能懂（因而不要看）的绝路里。（1933 年 8 月 1 日）①

鲁迅十分重视连环画、书籍插图艺术的发展。许钦文在《鲁迅和美术》一文中谈到了鲁迅提倡连环画对于大众的意义，说道："鲁迅先生幼年喜欢绣像，后来提倡儿童读物要多加插图。他提倡连环画，这除对儿童以外，也是为工农大众，因为当时劳动人民缺少识字的机会，方块的汉字又是繁体的。文盲不能看出，却可以看图。"② 在推动连环画的发展过程中，鲁迅仍然采用木刻版画的发展思路——"拿来主义"，他说："采用外国的良规，加以发挥，使我们的作品更加丰满是一条路；择取中国的遗产，融合新机，使将来的作品别开生面也是一条路。"③ 他主张印刷四本欧洲木刻连环画，还亲自为《一个人的受难》（图 1-45）作序。序言中说："这于观者很有益，因为一看即可以大概明白当时若干的情形，不比文辞，非熟习的不能领会。"④《一个人的受难》是木刻连环画故事（图 1-46～图 1-51），出版于 1933 年，共 25 幅，鲁迅为书中每一幅画写了简要的说明。这本书的作者是比利时木刻家麦绥莱勒，鲁迅在此书序中这样评价麦绥莱勒："所作最多的是木刻的书籍上的插图，和全用图画来表现的故事。""独有这《一个人的受难》

图 1-45　《一个人的受难》封面

① 张望．鲁迅论美术［M］．北京：人民美术出版社，1982.

② 杨永德，杨宁．鲁迅最后十二年与美术［M］．北京：文化艺术出版社，2007.

③《鲁迅文集全编》编委会．鲁迅文集全编［M］．北京：国际文化出版公司，1995.

④ 麦绥莱勒．一个人的受难［M］．上海：上海人民美术出版社，1957.

(Die Passion eines Menschen) 乃是写实之作，和别的图画故事都不同。”[①] 鲁迅采用“拿来主义”的借鉴方式为插图、连环画开辟了面目一新的发展路径。

图 1-46 《一个人的受难》(1)

图 1-47 《一个人的受难》(2)

图 1-48 《一个人的受难》(3)

图 1-49 《一个人的受难》(4)

① 鲁迅．南腔北调集［M］．南京：译林出版社，2014.

图 1-50 《一个人的受难》(5)

图 1-51 《一个人的受难》(6)

鲁迅在《南腔北调集》中的《“连环画”辩护》一文中表达了对年轻艺术学徒的期望，即：“我并不劝青年的艺术学徒蔑弃大幅的油画或水彩画，但是希望一样看重并且努力于连环画和书报的插图；自然应该研究欧洲名家的作品，但也更注意于中国旧书上的绣像和画本，以及新的单张的花纸。这些研究和由此而来的创作，自然没有现在的所谓大作家的受着有些人们的照例的叹赏，然而我敢相信：对于这，大众是要看的，大众是感激的！”① 插图对于连环画来说，并不需要连环画的连贯性，但连环画中的每一幅画可以都作为插图。此外，鲁迅积极倡导木刻版画的发展，以木刻版画作为插图的表现形式，促进了木刻版画的复兴。我们在前面谈了关于书籍封面运用版画形式的内容，论述过版画对于中国民族文化的价值，正是因为鲁迅并不为了介绍版画而推崇版画，而是为了学习国外优秀的文化并希望以此鼓励中国的年轻人去学习，并灵活运用予以创新中国的版画。

鲁迅在为美术丛刊《艺苑朝华》所写的广告中说道：“虽然材力很小，但要绍介些国外的艺术作品到中国来，也选印中国先前被人忘却的还能复生的图案之类。有时是重提旧时而今日可以利用的遗产，有时是

① 张望．鲁迅论美术［M］．北京：人民美术出版社，1982.

发掘现在中国时行艺术家的在外国的祖坟，有时是引入世界上的灿烂的新作。”① 其实鲁迅对书籍装帧的这份热情从小就开始萌芽了。鲁迅小时候就爱书如宝，他一生读过浩如烟海的书，看书的时候总是先看看手和桌子是不是干净，不仅流露出爱书之情，而且表达了读书之乐。据《鲁迅日记》上的“书账统计”，1912 年—1939 年，鲁迅就读了 9000 多册书。正是鲁迅对书籍的热爱，他更希望书籍带给读者愉悦的心情，就像一首优美的乐曲，缠绕心头，让人陶醉。他在谱写这首旋律优美的歌曲中，不断尝试融入新的元素如国外的版画、插图等。鲁迅先生在东西方文化互鉴中逐渐找到了适合中国书籍装帧发展的道路，并担当引路人的角色，给后学之辈留下宝贵的精神财富。在鲁迅先生的影响下，涌现出了一批优秀的书籍装帧艺术家如陶元庆、钱君匋、陈之佛、丰子恺、闻一多、孙福熙、司徒乔、关良、庞薰琹、林风眠、蔡若虹、叶灵凤等。我们看到在这些装帧艺术家的身上，他们敢于尝试、大胆突破、开放包容、认真务实的装帧态度，对当下的书籍装帧艺术工作者有着重要的启示。鲁迅先生是现代书籍装帧的倡导者、开拓者和奠基人，给我国书籍装帧的发展带来了深远的影响，他的书籍装帧理念放在今天也是有益的。鲁迅对封面、题字、装饰、插图、版式、装订、印刷等都认真考究，既汲取西方先进的思想文化，取其精华去其糟粕，又看重民族文化的传承与发展，促进那个时代的书籍装帧呈现出新的面貌。

鲁迅发表于 1919 年 1 月 15 日《新青年》第六卷第一号的文章中提道：

进步的美术家——这是我对于中国美术界的要求。

美术家固然须有精熟的技工，但尤须有进步的思想与高尚的人格。他的制作，表面上是一张画或一个雕像，其实是他的思想与人格的表现。令我们看了，不但欢喜赏玩，尤能发生感动，造成精神上的影响。

我们所要求的美术家，是能引路的先觉，不是“公民团”的首领。我们所要求的美术品，是表记中国民族知能最高点的标本，不是水平线

---

① 《鲁迅文集全编》编委会．鲁迅文集全编［M］．北京：国际文化出版公司，1995.

以下的思想的平均分数。[①]

第二节 陶元庆与书籍装帧

民国时期涌现了一大批才华横溢的书籍艺术家与经典书籍艺术作品。借助新文化运动传播的革命思想，民国时期成为我国书籍艺术发展的重要时期，其中新文艺书籍的发展催生了书籍封面的创作，一些主张革新的美术家们纷纷响应新文化运动的号召，改变传统书籍封面以素面加书名题签的固定格式，为现代书籍封面的兴起带来了发展的契机，在我国书籍装帧艺术史上增添了浓墨重彩的一笔。这些书籍艺术家创作了许多我们熟知的、至今仍视为经典的书籍封面作品，其中《彷徨》《朝花夕拾》《故乡》等经典作品都出自鲁迅最为欣赏与器重的一位艺术家——陶元庆。当时以图案作封面的关键人物，首先要提到的就是陶元庆。当然在陶元庆之前，确实有一些艺术家对现代书籍艺术的发展做出了具有开拓性的贡献。鲁迅早在1909年设计了《域外小说集》（图1－52）的封面，封面上选用希腊神话故事中的文艺女神缪斯，在晨曦中弹奏竖琴的场景作为主体形象，用小篆题写书名，这在传统书籍封面盛行的环境下，《域外小说集》的封面应该是个突破。陶元庆对中国现代书籍设计的贡献不是

图1－52 《域外小说集》（第一册）封面

① 鲁迅．热风［M］．北京：北京联合出版公司，2014.

在于他是我国最早创作书籍封面的艺术家，而是在于中国书籍封面设计从传统走向现代的重要关口，陶元庆横空出世，在传统封面之上建立起现代书籍封面的雏形。可以说，他是我国现代书籍封面设计的拓荒者，他以独具匠心的创作风格开创了新文艺书籍以图案画作封面的先河，促进了我国传统书籍封面向现代书籍封面的转变，在我国书籍装帧艺术史上功不可没。陶元庆在书籍封面上的创作对现代书籍封面的兴起与发展具有重要的价值。

陶元庆与鲁迅在装帧思想上有相近之处，使他们成为志同道合的伙伴，他们在书籍艺术领域中做出的贡献很大。鲁迅请陶元庆设计封面，不仅仅因为两人在思想上的相似或相近，可能更重要的原因在于陶元庆将文艺作品中蕴含的情绪或情感通过视觉语言传达出来。对于陶元庆的艺术创作，其本人并未留下一些著作资料，我们只能通过他的书籍封面作品以及他的朋友对他的回忆资料中来了解这位在书籍设计实践领域勇于创新，并对我国现代书籍装帧的发展产生过深远影响的书籍设计艺术家。陶元庆（1893—1929，字璇卿）为浙江绍兴人，1913 年进入绍兴省立第五师范学校学习，与许钦文是同学，1917 年毕业。1919 年任第五师范附属小学教员，1922 年考入上海《时报》馆，在《时报》从事图案绘制工作。1924 年进入上海专科师范（曾更名为上海艺术师范学校，后扩建为上海艺术大学）学习油画，与钱君匋是同学。1925 年 8 月与许钦文一起离京前往台州浙江六中任教，同年 8 月前往上海江湾立达学园任教。1928 年 8 月因立达学园西洋画科停办，陶元庆离开上海前往西湖国立艺专任图案系教授。1929 年 8 月 6 日陶元庆在杭州因病去世，时年 36 岁。这大致是陶元庆的人生经历。生命的过早结束，意味着这位中国书籍设计先驱较同时期其他书籍艺术家而言，过早淡出人们的视野。

与陶元庆交往甚密的许钦文可以说既是陶元庆的同学、同事，还是他的伯乐。陶元庆经许钦文介绍与鲁迅相识，之后多次为鲁迅的著作设计封面，由此在我国书籍装帧历史上留下了许多经典之作。在这些经典作品背后是艺术家的执着追求和不懈努力，他把整个身心都沉浸在他的艺术世界里。许钦文曾提道："他从小就爱国画，花卉仕女都画得不错，还在小学里读书时就出了名。我和他同时考进第五师范的时候，几个办事人一知道他就是陶元庆，就争先恐后地拿得宣纸来要求他作画了。"[①] 足见陶元庆早期在美术方面的专注与影响力。陶元庆毕业后多作图案，特别是 1923 年上半年他考入上海的《时报》馆，专画《小时报》上的图案，也有机会参考狄楚青所搜集的大量的日本图案和印度图案，为其后从事封面设计打下了坚实的基础。陶元庆还喜爱油画，他设法进入上海专科师范向陈抱一学习油画，许钦文称："元庆由国画而西洋画，水彩画和油画都有相当的成就。"[②] 从他的学习经历中可以大致了解陶元庆在美术知识方面还是一个较全面的艺术家，他对诸多领域的涉猎既造就了他对书籍封面创作独树一帜的风格，也为现代书籍封面发展找到了路径和突破口。现代书籍封面的兴起与新文艺的发展紧密联系，追溯起来除了新文艺作品给书籍封面创作带来了新的机遇外，还与鲁迅对美术的倡导分不开。鲁迅在 1919 年 1 月 15 日《热风·随感录四十三》中曾明确地提出："进步的美术家——这是我对于中国美术界的要求……我们所要求的美术家，是能引路的先觉，不是'公民团'的首领。我们所要求的美术品，是表记中国民族知能最高点的标本，不是水平线以下的思想的平均分数。"[③] 鲁迅十分关心我国书籍装帧的发展，并亲自参与书籍封面的创作。继 1909 年的《域外小说集》之后，1923 年鲁迅设计并出版了《呐喊》的封面，封面上没有过多的装饰，而是在字体笔画上做文章，重点突出呐喊两个字中的三个"口"，呼应"呐喊"，呐喊两个字被黑色的、封闭的方形边框包围，颇有画意，烘托《呐喊》所要抒发的情感。同年鲁迅又设计了《国学季刊》《桃色的云》《心的探索》等，封面上的图案都是鲁迅从汉画像中精心挑选并选用于书籍封面。

---

① 钦文.《鲁迅日记》中的我［M］. 杭州：浙江人民出版社，1979.

② 钦文.《鲁迅日记》中的我［M］. 杭州：浙江人民出版社，1979.

③ 鲁迅. 热风［M］. 北京：北京联合出版公司，2014.

我们熟知的，被誉为书籍装帧史上的经典之作——《故乡》的封面（图1－53），被公认为是陶元庆的代表作。这幅作品并非为《故乡》量身定做，而是取自陶元庆氏西洋绘画展览会上的一幅作品《大红袍》。许钦文在《〈鲁迅日记〉中的我》中提到鲁迅在看过陶元庆画展后对他说的话："我已想过，《大红袍》，璇卿这幅难得的画，应该好好地保存。钦文，我打算把你写的小说结集起来，编成一本书，定名《故乡》，就把《大红袍》用作《故乡》的封面。这样，也就把《大红袍》做成印刷品，保存起来了。"[①]《大红袍》这幅画通过《故乡》的封面保存下来，鲁迅就在《陶元庆氏西洋绘画展览会目录》（1925年）序言中评价陶元庆的作品：

图1－53　《故乡》封面

在那黯然埋藏着的作品中，却满显示出作者个人的主观和情绪，尤可以看见他对于笔触，色彩和趣味，是怎样的尽力与经心，而且，作者是夙擅中国画的，于是固有的东方情调，又自然而然地从作品中渗出，融成特别的丰神了，然而又并不由于故意的。[②]

虽然书籍封面的表现方法不同于绘画，不可能用绘画的特点衡量书籍封面的表现形式，但共性寓于个性之中。陶元庆在绘画方面用的是新的形和新的色，在书籍封面作品中也会充分地表达他对形和色的审美范式，把握内部的相互关系，揭示出自己的创作思想。他的创作思想"没

① 钦文．《鲁迅日记》中的我［M］．杭州：浙江人民出版社，1979.
② 鲁迅．集外集拾遗［M］．北京：人民文学出版社，2006.

有桎梏”，精准地划分了现代书籍封面与传统书籍封面的界限，为我国书籍封面的发展探索出一条新的路径，形成了新的审美范式，这不仅仅是一种单纯的封面构图或者图式的变革，而是在推动我国书籍艺术发展过程中获得了书籍封面的自身属性。由此，陶元庆在我国书籍艺术发展的历史上创造了一个个经典的封面范例，那就是以封面上的图案诠释书籍的内涵，既能更为直观地表达新文艺书籍的特色，又能作为新文化思想的一种传达方式。

《苦闷的象征》（1925 年）是陶元庆将自己的创作思想实践于书籍封面的第一件作品，也是为鲁迅设计的第一个书籍封面。这本书的原著作者是日本现代著名文艺理论家厨川白村，由鲁迅翻译到中国。鲁迅在翻译这本书的过程中倾注了大量的心血，他对于厨川白村的文艺观念产生了共鸣，在这部文学作品中鲁迅找到了与中国作家相似的遭遇，在不到一个月的时间内把《苦闷的象征》翻译完成，可见这本书得到了鲁迅的青睐。陶元庆如何将这部文艺著作通过视觉语言表现出来呢？从《苦闷的象征》（图 1－54）的封面作品中看，陶元庆的创作视角不局限于现有的图案表现形式，他采用圆形构造出封面的构图，一个半裸并披着长长黑发的妇女挤压在圆形的空间内，拼命想挣脱出这拥挤的环境，她用鲜红的舌头舔着三刺戟的尖头，脚趾伸出圆形并夹着三刺戟的柄，这显然具有现代象征的意味，即“在内有想要动弹的个性表现的欲望，而和这正相对，在外却有社会生活的束缚和强制不绝地迫压着。在两种的力之间，苦恼挣扎的状

图 1－54　《苦闷的象征》封面

态，就是人类生活。”① 陶元庆从直观的视角，以简洁的造型语言表达了这种苦闷的情境，调动出艺术的情感，给读者内外两种相互冲击的视觉感受。色彩选用红、黑、灰、白的颜色，对比强烈，明亮凄美。鲁迅在该书的引言中说道：“陶璇卿君又特地为作一幅图画，使这书被了凄艳的新装。”② 钱君匋在《陶元庆论》一文中谈到这本书的封面，“郁悒的线条，‘藏着无底的悲哀’。我们看了，毛管自然会竖起来。”③《苦闷的象征》作为新文化运动中以图案作封面的作品，在当时还是凤毛麟角，陶元庆的封面图案表现不同于传统书籍封面或改良版的封面，也不是将传统图案选取过来或者运用写生变化的装饰手法所能呈现出的视觉感受。他冲破一切传统思想和手法，把书籍封面的内涵通过装饰语言诠释出来。他尤为注重封面上形态与书中表现主题的“神似”，使封面生动且逼真。陶元庆在图案设计上既保留了传统元素，又融入现代设计元素，比如对主题的诠释、人物的表现手法、巧妙的构图、鲜明的色彩。这些都是传统书籍封面所不具有的，体现了时代特色，具有非常高的艺术价值。民国时期对于书籍封面设计并没有严格的定义，而现代书籍封面作为著者与读者的沟通桥梁，它依赖书籍内容作为语境传达特定的视觉效果——对主题的诠释，以艺术的情感打动人，每个书籍封面都有其特有的风格和气质。陶元庆将艺术表现力渗透在他的作品中，力求通过营造出的视觉效果把读者带入书籍的主题中，他的书籍封面作品所呈现出的艺术表现力也是抨击旧思想、旧观念的思想武器，为新文化的发展做出了一定的贡献。

陶元庆的封面设计水平在当时的确不错。他的创作不随波逐流，用自己的创作手法表现出著作的所思所想，并将自己的所思所想去改良传统的封面形式，用新的艺术表现冲破传统书籍的旧衣，在传统的书籍封面上建立起具有现代意味的书籍艺术作品。他对设计的变革与

---

① ［日］厨川白村．苦闷的象征［M］．鲁迅，译．北京：人民文学出版社，2007.

② ［日］厨川白村．苦闷的象征［M］．鲁迅，译．北京：人民文学出版社，2007.

③ 钱君匋．书衣集［M］．太原：山西人民出版社，1986.

创新并不仅仅在于图案本身，而是在于封面设计中呈现出来的现代性。陶元庆从《苦闷的象征》开始，注重在外在形式与内在精神层面集中展示现代书籍设计特点就是对传统的变革与创新，并兼有西方色彩和民族色彩，鲜明体现了书籍设计的主体性意识，书籍出版后便获得较好的反响和众多的效仿。许钦文在《鲁迅和陶元庆》一文中提道："我国印新文艺书籍，以图案作封面，由鲁迅先生译的《苦闷的象征》开始。"[1] 著名装帧艺术家邱陵评价陶元庆的封面创作："他在装帧艺术中的成就是前无古人的，在鲁迅先生的引导下是具有创作上、艺术上和设计上的独创性的。"[2] 唐弢先生在《关于陶元庆》一文中写道："今人作封面，但重图案，欲求如元庆之并寓深意，使人低回不已者，难矣。"[3] 我们看到了一位书籍艺术家"引路的先觉"，陶元庆设计的书籍封面都是以独特的视角开辟了书籍装帧的现代道路，也深深影响着同行者和后来者。钱君匋在《书籍装帧生活五十年》中写道："陶元庆为鲁迅的著作设计过不少杰出的封面，早已脍炙人口，曾经得到鲁迅的高度评价。在陶元庆的影响下，我对书籍装帧产生了浓厚的兴趣。"[4]

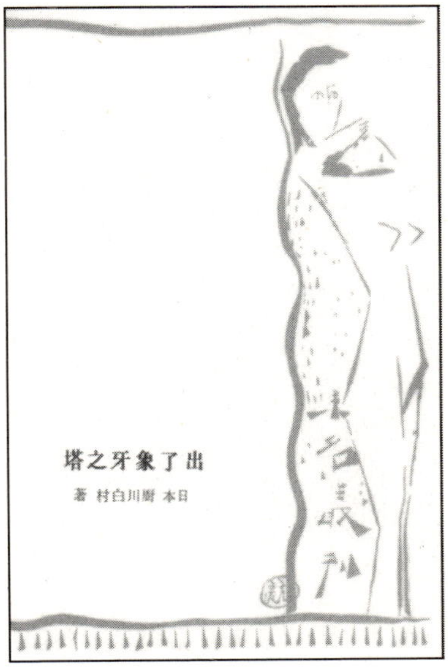

图 1－55 《出了象牙之塔》封面

同年 12 月，陶元庆又设计了《出了象牙之塔》（图 1－55）这本书的封面。封面采用裸体女人

---

① 钦文．《鲁迅日记》中的我［M］．杭州：浙江人民出版社，1979.

② 邱陵．邱陵的装帧艺术：装帧史论·装帧设计·写生作品选［M］．北京：生活·读书·新知三联书店，2001.

③ 唐弢．晦庵书话［M］．北京：生活·读书·新知三联书店，2007.

④ 钱君匋．钱君匋论艺［M］．杭州：西泠出版社，1990.

的形象，陶元庆用寥寥几笔勾勒出女性人物优美的曲线和神态，裸体女子斜靠着背后的男子，一双大大的眼睛略带一丝迷惘。封面的形象反映了陶元庆对书籍思想主题的高度提炼，描写出当时国人的丑态。《苦闷的象征》与《出了象牙之塔》在风格、手法上存在着鲜明的反差，几乎让人难以相信这两本书的封面是出自同一位艺术家之手。这充分说明了陶元庆"因地制宜"的设计理念和设计方法。民国时期新文艺书籍的发展给书籍封面的创作带来了新的机遇，既增强了著作者与读者的对话性，也逐渐扩大文艺作品的受众范围，很多著作者都会邀请美术家们为其著作设计封面，无形中促进了美术家们对于书籍封面的创作热情。同时，书籍封面的创作也为新文艺书籍培养了受众，借助对书籍封面创作的途径，书籍可以让广大读者生动、逼真地了解著作者的思想，从一定程度上提升了读者对新文艺书籍的关注度。陶元庆为鲁迅设计的《彷徨》（1926 年）（图 1 - 56）便是最好的证明。封面中是三个人并坐在一排看落日，其中一个人半仰着头，面对着落日若有所思，画面选用橘红色作为封面底色，书名是用铅字排版于封面的右上侧。当鲁迅重温陶元庆所作的封面时，由衷地发出感慨，并在信中说："觉得陶元庆画的封面很别致，似乎自成一派，将来仿效的人恐怕要多起来。"① 无独有偶，钱君匋在《陶元庆和我》一文中写道："当《彷徨》等书出版后，和元庆有些关系的作家都想请他

图 1 - 56　《彷徨》封面

① 《鲁迅文集全编》编委会．鲁迅文集全编［M］．北京：国际文化出版公司，1995.

设计书衣，元庆一一谢绝了，碰到谢绝不掉的，他就和作者婉商是否交我来设计，这样的推荐不止一次，于是我也经常为人设计些书衣。”[①] 足见陶元庆的封面设计在当时的影响力。

陶元庆对于封面的创作逐渐形成了自己独特的风格，他立足于传统文化，具有鲜明的民族特色，封面中的构图以及图式都在打破传统封面形式的束缚。但他的目光不局限于此，他向优秀的外国文化学习，取长补短，与世界的时代潮流融合。陶元庆为鲁迅的著作《坟》（1927 年）（图 1－57）设计的封面，用西方几何形体结构的装饰风格表现出坟、树、台，映衬于黄土的底色中，使画面显得如此空旷和静寂，烘托出画面的意境，给人留下了思考的空间，具有强烈的视觉效果。在设计之初，鲁迅曾在信中提出了他对《坟》这本书的封面的想法：“《坟》这是我的杂文集……可否给我作一个书面？我的意思是只要和‘坟’的意义绝无关系的装饰就好。”[②] 而陶元庆并没有遵循鲁迅的这个意见，而是用抽象的形态突出主题，坚持自己对《坟》的主题诠释，这也体现了陶元庆的创作观念。陶元庆在《若有其事》（1928 年）（图 1－58）的封面中也是采用抽象的形态。他运用律动感的几何线条勾勒出一个舞动的人物，增强了画面的层次感，似乎在这层次中若有其事。人物在陶元庆的封面设计中是一个不可或缺的元素，以上列举的作品便是最好的证明。《朝花夕拾》

图 1－57　《坟》封面

① 钱君匋．钟声送尽流光［M］．北京：地震出版社，2014.

② 《鲁迅文集全编》编委会．鲁迅文集全编［M］．北京：国际文化出版公司，1995.

图 1-58　《若有其事》封面

(1927 年)(图 1-59)封面中寥寥几笔勾勒出一个古装的仕女人物，在亭园草木中，朝着读者“缓缓”走来，色彩是采用黄色映衬出白色的人物和场景。陶元庆对不同主题下人物形态的表现给予了不同的诠释，并在环境刻画上跳出平面化的装饰，营造出具有纵深感的画面背景。又如《蝴蝶》(1928 年)(图 1-60)的封面中，陶元庆把握动静结合，画面中心人物是静态的，人物周围的植物和飞舞的几只蝴蝶都在舞动着，创造出风动人不动的情境。动中有静，更加突出画面中心人物手中的蝴蝶。画面层次分明，使封面图案充满形式美感。这也是陶元庆在封面设计中十分注重的，即便回归到传统图案的表现形式上，也要运用自己对主题的理解。《工人绥惠略夫》(图 1-61)是鲁迅翻译的俄国阿尔志跋绥夫的中篇小说，出版于 1922 年，这本书最初的封面具有西方风格，1927 年鲁迅请陶元庆重新设计封面。封面上的图案构图形似汉画像，陶元庆在设计中运用汉画像的表现形式，以人物

图 1-59　《朝花夕拾》封面

图 1 - 60 《蝴蝶》封面

配以诸如锯子、斧子等工具形状共同构成图案，表现出主题，概括简练，独具匠心。

陶元庆在任图案教师时十分推崇中国的汉画像，他还带着立达学园的学生到鲁迅住处选取汉画像拓本，供学生对照参考。此外，他在封面设计中也会创新其内在的变化，借助书籍封面扩大了汉画像的传播和发展的空间。较传统图案的选取或移植等方式，陶元庆搭建出传统图案与封面设计相融合的方式，这种同构的表现方式一直沿用至今。与陶元庆一样，鲁迅也极力推崇汉画像，他曾策划出版汉画像的书，最终未能实现。我们可以看出他们对于中国传统图案的保护，不希望看到宝贵的民族遗产被边缘化。鲁迅选取汉画像作为封面也是为了更好地扩大中国传统文化的影响力，让传统文化通过封面的形式重新回到人们的视野，为书籍封面的现代发展开拓了方向。

图 1 - 61 《工人绥惠略夫》封面

陶元庆作为一位早期从事书籍设计的代表人物，自《苦闷的象征》开始创作了许多经典书籍封面作品，可惜英年早逝。遗留给我们的除了以上所列举的作品之外，他还设计了《往星中》（1926 年）、《赵先生的烦恼》（1926 年）、《毛线袜》（1926 年）、《回家》（1926 年）、《鼻涕阿二》（1928 年）、《唐宋传奇集》（1928 年）、《幻象的残象》（1928 年）、《仿佛如此》（1928 年），以及《一坛酒》《无妻之累》等书籍封面和其他的刊物封面如《语丝》《白露》《贡献》《沈钟》《新女性》《京报副刊》等。他在创作中不局限于任何一种表现形式，博采众长，不断创新。陶元庆对每个书籍封面的诠释都是对封面创作的探索，为书籍艺术的现代化发展奠定了实践基础，对现代书籍封面的影响是多方面的。他“拒绝”以素面加书名题签为固定的书籍封面格式，通过对不同书籍封面的精准定位，实现现代封面设计的意义所在。他的每个书籍封面的外在形态都蕴含着内在精神，值得每位阅读者细细寻味与思索。从陶元庆的书籍封面作品中，我们可以看出他对于传统文化是批判性的继承。陶元庆的设计思想是在继承民族传统文化与学习西方优秀思想之间寻找到了适合中国现代书籍设计发展的尺度。在他的影响下，民国时期书籍封面兴起了一股现代书籍设计的思潮，今日回望依然能感受到其中富有启迪的价值。

第三节　钱君匋与书籍装帧

钱君匋（1906—1998）在书籍设计领域被誉为“钱封面”，他曾为鲁迅、丰子恺、叶圣陶等人的文学著作设计过封面。他是继鲁迅、陶元庆之后，在书籍装帧艺术界具有影响力的装帧艺术家之一。如果说鲁迅、陶元庆是现代书籍装帧艺术的开创者，那么钱君匋则是民国时期承前启后的装帧艺术家。他完成了许多经典书籍封面作品，正如邱陵在《书籍装帧艺术史》中提道：“从 20 世纪 20 年代到 80 年代，漫漫 60 余年间，钱君匋先生的书装承前启后，未曾稍歇，这在现代书籍装帧艺术家中，绝对是首屈一指者。而当他甫进开明书店，方涉书衣，即出手不凡，作品即为书界认可，约稿求稿者接踵而至，'钱封面'声誉鹊起，这奇迹，此前无，此后亦无。"[①] 欣赏他的封面，不得不说别有一番韵味，正因如此，专门讨论钱君匋的书籍装帧是钱君匋研究中不可或缺的部分。

钱君匋进入开明书店工作之前，在创作上的启蒙得益于陶元庆。钱君匋十分欣赏与敬佩这位同学兼挚友，亲身感受过陶元庆设计《彷徨》等封面的创作过程，这些也为他走上书籍装帧的道路奠定了良好的基础，钱君匋也由此得到了创作封面的机会。钱君匋在《陶元庆和我》一文中写道："当《彷徨》等书出版后，和元庆有些关系的作家都想请他设计书衣，元庆一一谢绝了，碰到谢绝不掉的，他就和作者婉商是否交我来设计，这样的推荐不止一次，于是我也经常为人设计些书衣"[②]。由此钱君匋开始设计书籍封面。钱君匋不仅受到陶元庆提携与帮助，而且还在封面设计风格上受到陶元庆的影响。钱君匋曾回忆道："我与元庆从初识到感情深厚，最后成为莫逆之交，此后我在书籍装帧艺术上的突破都与其有着密切的联系。"[③] 钱君匋通过自己的勤奋努力在书籍装帧领域小有名气，足见"钱封面"名不虚传。在此期间，他出版了诗集《水晶座》（上海亚东图书馆出版），汪静之在《水晶座》的序言中对钱君匋的诗做了这样的描述：

> 我现在又发现了君匋诗中另两个特点，是由君匋所学的绘画与音乐两种学识所造成的。君匋能画，能音乐，又能诗。他手中握着艺术之园里三朵最美的最迷人的花——绘画，音乐与诗歌——所以他诗中有画而且有音乐，三种艺术已融成一片了。[④]

我们从《水晶座》的序中可以大致了解钱君匋在诗歌方面的基本情况。我们从钱君匋的诗集中发现他的诗长长短短，有的不押韵，其风格

---

① 高信．民国书衣掠影［M］．上海：上海远东出版社，2010.

② 钱君匋．钟声送尽流光［M］．北京：地震出版社，2014.

③ 钱君匋．钱君匋书籍装帧艺术［M］．香港：香港商务印书馆，1992.

④ 钱君匋．水晶座［M］．上海：亚东图书馆，1929.

别于当时诗体的样貌。但我们感受到诗中的情绪意蕴，在诗歌创作中渗透出的情感，也看到他对自己创作风格的坚持。显然，“他诗中有画而且有音乐”，钱君匋对书籍装帧很是关注，尤其关注从诗中汲取的灵感，凝结的诗意。

钱君匋书籍封面创作不是以表面异化的风格博人眼球，而是注重民族内化的文化表达。在这方面，钱君匋受到鲁迅、陶元庆的启发和影响。鲁迅曾请陶元庆、钱君匋到家中欣赏他搜集到的汉唐画像的拓本，且对画像的拓本做了相关的解释，以此为借鉴，帮助他们开拓书籍设计的创作思路。之后陶元庆运用了古代纹样设计了书籍封面，如《工人绥惠略夫》的封面，都有民族图案的影子，这些对钱君匋的创作颇有启示。钱君匋受此影响，尝试从这方面发展，也反映出民族文化中最具特色的精神内容，文化的表达最终落脚点在于对大众予以民族文化的教育意义。他在《书籍装帧生活五十年》中写道：“书籍装帧并不是什么雕虫小技。它给一部作品装上了‘扩音喇叭’，以形象、色彩等造型手段，向广大读者揭示作品的内容和精髓，扩大了社会效果。优良的书籍装帧，可以提高读者的读书兴趣，起到‘打击敌人，教育人民’的作用。”① 从这个意义上来说，书籍装帧应该充分挖掘民族文化的内涵，落实在载体的结构上，正如鲁迅钟爱汉画像，当书籍装帧通过思考与创作后，民族特色的装帧风格自然能够脱颖而出。钱君匋封面设计风格的形成是长期浸染于民族文化与美术领域的结果。钱君匋在封面创作中采用凝练的语言，在有限的封面构图中高度集中反映书籍的主题思想。正如他的诗，用极少的言语来表达丰富而深刻的内容。

1927 年钱君匋设计的《古代的人》（图 1－62）以汉画像的样式为设计素材，图案的主体是简化的汉画像中的人物形象，横向重复排列横置于封面上半部的方框内，采用图案的二方连续的排列方式，富有节奏感和韵律感。二方连续的排列方式在古代器物的纹饰上较为常见，《古代的

① 钱君匋．钱君匋论艺［M］．杭州：西泠印社，1990.

人》的封面与鲁迅的《桃色的云》、陶元庆的《工人绥惠略夫》有异曲同工之妙。二方连续中同一形象的反复运用，借助多次重复达到强调主体形象，从而给读者留下个性鲜明的深刻印象，“重复”运用也是诗歌艺术手法的表现。二方连续中同一形象的反复运用体现出艺术表现的韵律感，韵律感在诗歌艺术表现手法中是较为重要的要素。诗歌的韵律是指诗歌的押韵，押韵就是把同韵的两个或更多的字放在同一位置上有秩序地重复出现，使诗歌具有韵律感。书籍封面对于韵律感的运用可以使封面体现出节奏的律动，更贴近人的情感，既增强了封面的美感，又因为重复出现加深读者对于封面的印象。此外，封面在图案与书名以外留下了大量的空白，这样的留白不是毫无意义的空白，而是留下空间让读者去体会画面的意境，让读者在自我的感受中勾勒出自己对这本书的封面以及内容的理解，这样具有诗意的留白也突出了图案的视觉感染力，以富有诗意的表现形式传递出强烈的民族文化意蕴。《西洋美术史》（图 1-63）的封面布局与《古代的人》相似，不同的是封面选用了埃及形象做二方连续的排列。钱君匋在民族文化的基础上广泛地吸收西方优秀的文化，根据书籍的主题内容量身定做封面的设计素材，这体现了钱君匋对书籍主题的认知，正是这具有强烈个人主义情感的表达才使这本书具有它独特的意蕴，深深吸引品读的读者，与作者产生情感上的共鸣。

图 1-62 《古代的人》封面

图 1-63 《西洋美术史》封面

《栀子花球》（图 1－64）的封面也是采用二方连续的表现形式，图案居封面中间位置，书名和作者名分别位于图案的左右两边，错位放置，书籍封面的图案以植物作为设计素材。钱君匋对植物的刻画入木三分，封面中描绘的植物既形象又直接，如他诗中描绘的那般，“那时候花香浮动如云气，将我们薰得心神都醉迷”。① 这彰显着作品诗歌化的象征意味。《桃园》（图 1－65）也同样取材于植物，呼应书名。钱君匋并没有重点刻画“桃园”中的“园”，而是把视角聚焦到植物的形态上，看似有连续重复之势，实则是在重复之下的姿态各异。画面中呈现出“花朵们摇摆着脸儿，很起劲地唱着甜美的歌儿……”② 的诗境，运用拟人的表现手法细致传神地描绘出花朵不同的姿态。《荷花》（图1－66）的封面具象描绘出漂在水面的一朵荷花，强调环境的营造、主题形象的烘托，令人从画面中感受诗的韵味。《半农谈影》的封面（图 1－67）在圆形框内寥寥几笔勾勒出植物的生长状态，红色的花鲜艳无比，在花的周围衬托出灰色的“影调”，有“动势”的“影调”，圆形框外无任何装饰，

图 1－64　《栀子花球》封面

图 1－65　《桃园》封面

① 钱君匋．水晶座［M］．上海：亚东图书馆，1929.
② 钱君匋．水晶座［M］．上海：亚东图书馆，1929.

图 1－66 《荷花》封面

图 1－67 《半农谈影》封面

形成鲜明的“半”影调，采用比喻的方式烘托圆框内的气氛，读者可以通过烘托出的事物投射到书籍的内容上。诗歌也同样如此，用“以彼物比此物也”的方式将形象烘托得更加鲜明。我们不难发现，从表现形式和表现手法上看，钱君匋的封面创作与诗歌有着天然的联系。

图 1－68 《欧洲大战与文学》封面

除此之外，从钱君匋封面创作的观念来看，他也吸收了西方艺术发展的潮流并努力将外来的艺术手法融入书籍封面中。他设计过用报纸剪贴并加上各种形象的封面作品，富有“达达艺术”的意味，如《欧洲大战与文学》（图 1－68）。钱君匋设计的《欧洲大战与文学》的封面与鲁迅设计的《萧伯纳在上海》的封面，有相似的风格。封面上铺满了报纸的版面剪影，交错叠放，体现出了书籍内容，红、黑、白三色构成的各种形象和字体与背景形成强烈的对比。他在封面创作中的不断突破成为当时上海文化出版界一道亮丽的风景线，鲁迅、茅盾、叶圣陶、胡愈之、丰子恺、巴金、陈望道等名人都请钱君匋为他们的著作设计封面。钱君匋在书籍设计中表现出的求新求变的风格，如同他的诗一般融入生活的点滴，唤起读者的文化想象。1927年秋钱君匋加入开明书店，他为《新女性》杂志重新设计封面并于1929年出版。他在设计《新女性》封面时，将一年十二期的杂志做整体定位，在统一定位的基础上将春夏秋冬四季的变化作为切入点，以一个季度（三个月）表现一个季节的特色，每个季节用不同的色彩和动植物表现主题。春季出刊的杂志封面，以乳黄色为底色，在初春的一丝暖意中黑色的燕子飞过长出新叶的柳丛，春意盎然，一派风和日丽的景象；夏季的封面，在湖蓝色的基调中淡绿的芭蕉叶随着细雨摇曳，习习微风和蒙蒙细雨给人以十分清凉的夏意；秋季的封面，以秋日黄花昂然盛开为主题，呈现出寒气袭人的深意；冬季的封面，以乳灰色为封面色调，在冬季里翠绿的植物赋予自然界旺盛的生命力。钱君匋突出《新女性》杂志的“季节”变化，将四季中极富诗意的情感融入封面创作中，并寓意《新女性》杂志的办刊思想，即记录人间岁月喜怒哀乐。《新女性》杂志的春夏秋冬四帧封面面世后引起读者强大的反响，提高了钱君匋在书籍装帧界的知名度，此后钱君匋还设计了《东方杂志》《小说月刊》《妇女杂志》《教育杂志》和《学生杂志》的杂志封面。

新文化运动的兴起开创了一个活跃的书籍装帧发展时期。钱君匋是在绘画、书法、篆刻、音乐、文学和书籍装帧等方面造诣较为全面的艺术家，也是继鲁迅、陶元庆之后，书籍装帧史上的一颗璀璨明珠。他的封面作品并没保有相对固定的模式，就如他的诗歌一样，句子长长短短，不拘于诗歌原有的结构模式，而在乎于诗的意境。钱君匋精通于多个领域，寻求书籍封面的特色化发展的路径，可以看到他在书籍封面设计中对画面的营造并通过烘托书籍的主题思想内容引发读者的共鸣，富有诗意的书衣值得今天的设计者借鉴。

第四节 陈之佛与书籍装帧

陈之佛（1896—1962 年）是民国时期图案学学科的重要奠基人之一，在四十多年的艺术生涯中，他不遗余力地推动着图案的教学与研究。陈之佛在学科建设方面进行了大量的理论研究和实践探索（图 1－69），并形成了独树一帜的图案学理论思想。20 世纪 20 年代至 30 年代到国外留学的青年学生大多选择学习油画（洋画），陈之佛留学日本，先是学习绘画，后又师从工艺图案科的主任岛田佳矣教授（在日本被称为图案法主人）研习图案。丰子恺在《〈陈之佛画集〉序》中就明确提道："吾友陈之佛兄早年毕业于东京美术学校图案科，为中国最早之图案研究者"①。岛田佳矣为日本图案界之闻人，陈之佛的图案思想直接受到他的影响，岛田佳矣曾对他说："我一生酷爱中国艺术。日本的图案就是从中国古代艺术中发展来的。中国的固有模样实在比日本高明得多，希望你在图案创作中不仅学习他国艺术，更要吸取、发扬中国的优秀传统艺术。"② 由此引发了陈之佛对中国图案学的思考。1923 年陈之佛留学回国后开始致力于中国图案学的发展，除了在上海东方艺术专门学校担任教授兼图案科主任外，陈之佛还意识到工商业的发展急需大量图案设计人才。他独自创办了我国第一所培养适应现代工业化发展的工艺美术人才的学馆

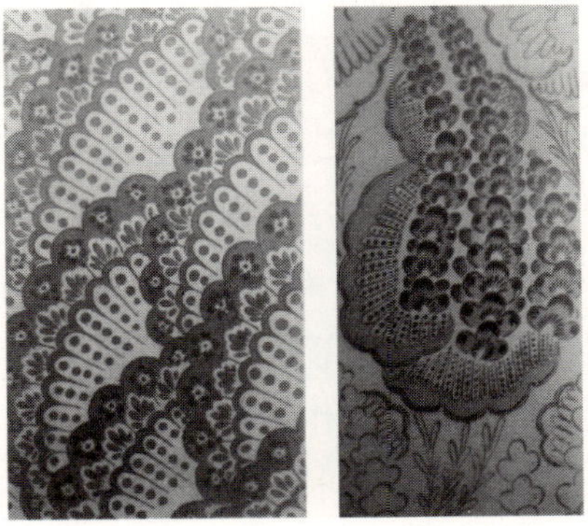

图 1－69　陈之佛设计的图案例

---

① 丰子恺.《陈之佛画集》序［J］. 南京艺术学院学报（美术与设计版），2006（2）：186.

② 李有光，陈修范. 陈之佛研究［M］. 南京：江苏美术出版社，1990.

——“尚美图案馆”（1923—1927 年）。张道一在《尚美之路》中提道：“1923 年陈之佛先生学成回国，很想在我国工业生产上发挥他的才智，以提高工业品的艺术品质，便在上海创办了一所‘尚美图案馆’，专门为生产厂家和出版单位作产品、书籍等设计。”[①] 尚美图案馆开启了对我国图案专业人才教育的探索之路，为我国培养专业人才提供了实践和探索的空间。受资本主义的毒害和低廉经营的恶性循环的影响，粗制滥造的行业状况使中国工艺日益衰退，尚美图案馆仅仅维持了四年时间。在关闭尚美图案馆三年之后，钱君匋出版了技法理论普及性专著——《图案 ABC》。陈之佛撰写的这本图案专著是目前我们能够读到的最早的一本陈之佛的学术专著。在这之前陈之佛撰写出我国第一本图案教材——《图案讲义》（1917 年由杭州甲种工业学校石印出版），也是他在图案方面的第一部著作，[②] 目前难寻踪迹。《图案 ABC》作为中国现代设计教育史上第一部图案设计著作，为中国图案学科的建构做出了历史性的贡献。陈之佛还编著了《表号图案》（1934 年）、《图案教材》（1935 年）、《中学图案教材》（活页版，1935 年）、《艺术人体解剖》（1935 年）、《图案构成法》（1937 年）（图1－70）、《应用美术人物篇》（1951 年）、《应用美术图案篇》（1952 年）、《中国图案参考数据》（1953 年）、《陈之佛图案讲稿》（李有光记录稿，1962 年）。陈之佛作为上海东方艺专（上海艺术大学前身）图案学的一个重要的领军人物，不遗余力地填补了学科的诸多空白。陈之佛的图案著作以及在图案方面的实践探索开创了图案学的中国范式，他在图案教学与研究方面有较高造诣。他通过对图案装饰的运用营造出书籍的主旨，这种营造带给读者心

图 1－70　《图案构成法》封面

① 张道一．张道一文集［M］．南京：东南大学出版社，2009.
② 陈之佛．陈之佛文集［M］．南京：江苏美术出版社，1996.

灵和情感的熏陶，而不是在于对书衣的美化，或者是对情节等具体内容的描摹。这体现了陈之佛关于“意匠是图案成为艺术的最重要的因素”的思想，摒弃了以美为至上，为装饰而装饰的不切实际的思想。陈之佛从事书籍装帧工作多年，其中 1925—1936 年为其创作高峰时期；其一生设计过的图书、杂志的封面约有 200 种，其中杂志占主要的部分。[①]《东方杂志》1904 年 3 月创刊于上海，秉承“介绍新知，启导国民”的宗旨，关注时事政治，同时涉及外交、商务、实业、交通、历史、文学、艺术等领域。新文化运动的兴起也给杂志带来了革新的契机，陈之佛担任了改革杂志封面的重任，通过杂志的装帧给读者带来了全新的艺术感受。陈之佛设计了《东方杂志》第二十二卷（1925 年）到第二十七卷（1930 年）6 个年度的杂志封面，在这几期杂志的封面设计中，他大量采用古埃及、古波斯、古希腊、古印度的图案元素等作为封面的主题风格，力求多元视角的变化。《东方杂志》第二十六卷第十六号封面（图 1－71）的正方形插画中是两只面对面站在树下的绵羊，采用中国民间木雕画的形式，寓意吉祥。《东方杂志》第二十五卷第十三号封面（图1－72）的插画采用类似中国民间漆金画的形式，在方框图案内的圆形中嫦娥倚着一头鹿，若有所思，画面中充满着艺术意境。陈之佛设计封面所采用的素材具有典型性，是人们所熟知的传统图案，他的设计并不仅仅在于对固定模式的照搬，而是选择突破与创新。在传统文化的思维里，嫦娥与兔子做伴，而陈之佛却让嫦娥与鹿做伴。他的寓意何在呢？我们知道兔子和鹿都是善良的动物，但是鹿比兔子跑得更快，由此与兔子伴随嫦娥所象征的思心之切相比，鹿的形象更能衬托出嫦娥急切的思念之情。封面设计隐喻着《东方杂志》“得一本《东方杂志》，便足周知中外近事”的理念，表现出《东方杂志》迫切地要走入读者的“心情”。《东方杂志》第二十五卷第十二号封面（图 1－73）封面则充满了异国情调。前后两期在题材、风格、气质上存在着鲜明的特色，并没有

① 袁熙旸．陈之佛书籍装帧艺术新探［J］．南京艺术学院学报，2006（2）：152－159.

局限于同一期刊在同一题材内的变化，“因材施艺”的设计方法使《东方杂志》在装帧上凸显了民族性的艺术风格，变化多样且特点鲜明。由此《东方杂志》广受读者的喜爱，发行量也明显增加了。

图 1-71　《东方杂志》封面，第二十六卷，第十六号

图 1-72　《东方杂志》封面，
第二十五卷，第十三号
1928 年 7 月出版

图 1-73　《东方杂志》封面，
第二十五卷，第十二号
1928 年 6 月出版

值得一提的是，在 1927 年到 1928 年期间，陈之佛为《小说月报》

设计了第十八卷、第十九卷共24期的封面。《小说月报》的设计风格不同于《东方杂志》的民族风格，每一期都有不同的封面设计，在这点上我们可以看出陈之佛的整体求变求新的装帧思想。在《小说月报》的封面设计中，不仅每一期封面的装饰都有所不同，而且在刊物名称的字体设计上也有变化。《小说月报》第十八卷第一号（图1-74）是陈之佛为《小说月报》设计的第一期书刊封面。在整个封面排版中，继续沿用图案作为封面的版式，刊物题字在版面上方，图案在题字的下方，画幅占据四分之三的版面，图案选用西洋画的表现手法，画面中一位婀娜多姿的少女在蔚蓝色天空的映衬下漫步在金色沙滩上，蔚蓝的海水拍打着沙滩，清新海风“扑面而来”，给人清新浪漫的感觉。陈之佛为《小说月报》量身定做的封面设计给期刊带来了全新的面貌，这也是在新文学发轫之时《小说月报》自身“为人生的文学”的文学精神的体现，从封面设计到期刊内容的革新顺应着新文化运动的发展，焕然一新的《小说月报》也办得生机勃勃。《小说月报》第十八卷第五号封面（图1-75）中的图案并没有固定在外框内，画幅大小有所缩小，题字在字体和字号

图1-74 《小说月报》封面（第十八卷第一号）

图1-75 《小说月报》封面（第十八卷第五号）

上有较大的变化。封面中的图案设计是陈之佛为《小说月报》所做封面的一大亮点，这体现了陈之佛“熟中求生”的创作思想，为了求“生”，陈之佛写道：“不仅要从技术技巧的纯熟着想，而且更要从新颖的构思、丰富的想象、生动的内容上予以重视，加以研究。这当然需要多方面的修养，在生活中汲取养料，在实践中探索规律，在历史上学习传统。”[①]正因为有了“求生”的思想，才有了不断的创新。不同于《东方杂志》的民族风格，《小说月报》体现的是清新浪漫的设计风格。1927年—1928年，陈之佛既要设计《东方杂志》，也要设计《小说月报》，无论是装饰素材还是设计形式，在这两本杂志中都表现出迥然不同的装帧风格，没有烙下设计者固有的风格特征，完全不像出自同一设计者之手。为了给读者呈现出深入人心的封面形象，陈之佛不辞辛苦地更新每期封面。我们可以看出陈之佛对于装帧设计的良苦用心和对艺术作品的执着追求。陈之佛还设计了《妇女杂志》和《学生杂志》，这两本期刊与《东方杂志》和《小说月报》并称为商务印书馆的“四大金刚”。伴随着20世纪30年代初法国装饰派风格的兴起，陈之佛开始热衷于法国装饰派的研究，在他的书籍装帧作品中也可以看到装饰派的“痕迹”。1934年，他设计的小说《未来世界》封面（图1-76）中，强烈的构成形式让我们看到了法国装饰派对他的影响，抽象与变形，富有形式感的造型语言，强烈的视觉冲击力。《创作与批评》（月刊）（图1-77）创刊于民国二十三年（1934年），封面设计也同样体现出方圆曲直的几何构成，简洁明快，无论是几何构成，还是色彩构成，都有了现代书籍设计的形式韵味。陈之佛在学习法国装饰派风格后，在书刊的设计风格上呈现出更大的变化。如果说陈之佛早期的书刊设计作品采用的是图案元素进行构图，那进入1930年代之后，他在封面的构图中更多强调的是构成主义的表现手法。

---

① 李有光，陈修范．陈之佛研究［M］．南京：江苏美术出版社，1990.

图 1-76 《未来世界》封面

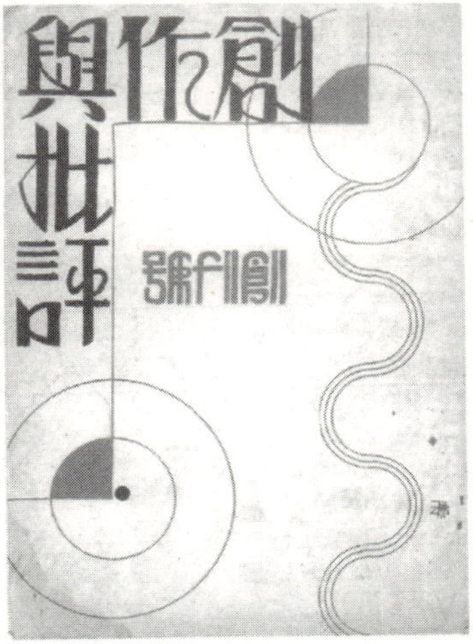

图 1-77 《创作与批评》创刊号封面

《现代学生》创刊于1930年，这本期刊与之前陈之佛设计的《东方杂志》《小说月报》的装帧风格截然不同，构成形式多变，在当时的期刊封面中可算是一枝独秀，但是强烈的构成形式反而弱化了期刊文字的识别性，如在《现代学生》第一卷第九期的封面中（图1-78）期刊题字被图案化后，弱化了文字的识别性。在《现代文学》第二卷第八号封面（图1-79）中，我们可以看出较第一卷封面的区别，更加注重

图 1-78 《现代学生》封面（第一卷第九期）

图 1-79 《现代学生》封面
（第二卷第八号）

封面整体的协调性。这也体现了陈之佛“个中见全”的创作思想逐渐成熟，注重处理好局部和整体的关系、个体与全体的关系。陈之佛重视对图案设计的全局观念，这种观念也体现在他的书籍封面作品中，封面中出现的装饰元素不是随意为之，尤其是封面中的图案，更能体现局部与整体的关系。陈之佛说：“我们必须充分理解个与全的关系，要知道个别的、局部的东西很好，而在全体中不协调时也会起坏作用；个别的、局部的东西使它在全体中成为有效因素的时候，那就见全体生色而成为一个完美的整体。”[①] 作为中国图案学的奠基人，陈之佛的书籍装帧最鲜明的风格特征便体现在对图案装饰的运用上。他将工艺美术设计与作画相比，“作画要‘意在笔先’，要‘胸有成竹’，就是要我们在未画之先来考虑全局，不能信笔乱涂。所以作画总得在动笔之先，精心审度全幅的布局、设色、精神、气势，不斤斤于一树一石，一花一鸟，然后才能画成好画。在图案设计上，个别与全体的关系更明显。因为它是装饰性的东西，更容易看出毛病来。”[②]《文学》1933 年创刊于上海，在《文学》期刊的设计中，陈之佛在《现代文学》的基础上，改善了封面中过于强化的装饰感，对封面设计进行了巧妙的调整和完善，把握了构成主义的简

① 李有光，陈修范．陈之佛文集［M］．南京：江苏美术出版社，1996.
② 李有光，陈修范．陈之佛文集［M］．南京：江苏美术出版社，1996.

洁造型与主体形象的合理搭配。陈之佛设计的《文学》第一卷第四号的封面（图 1-80），题字硕大醒目，封面图形中的构成形式并没有《现代文学》那么强烈，而是用车轮的圆形与火车头的圆形进行大小对比，配以骏马与建筑的造型构成整幅画面，个中见全，体现出简洁、现代的装帧风格。《文学》第二卷第二号的封面（图 1-81）也同样是这样的装帧风格，封面中线条的平行错位排列，版面中形成了构成的空间感。陈之佛先后为天马书店设计的书籍封面是他在书籍设计领域的主要成果，作品有《鲁迅自选集》《创作的经验》《矛盾自选集》《苦雨领域斋序跋文》《知堂文集》《苏联短篇小说集》《婚姻与家庭》《小小的心》《洪深戏曲论文集》《文艺创作概论》《发掘》《忏余集》等书籍的封面。其中《鲁迅自选集》（1933 年）（图 1-82）堪称其代表作，这本书的封面具有较强的节奏感，形状大小有规律。圣旦著的中国古代历史题材短篇小说集《发掘》（1934 年）（图 1-83），封面采用纵式的二方连续的菊花图案，简洁大方。

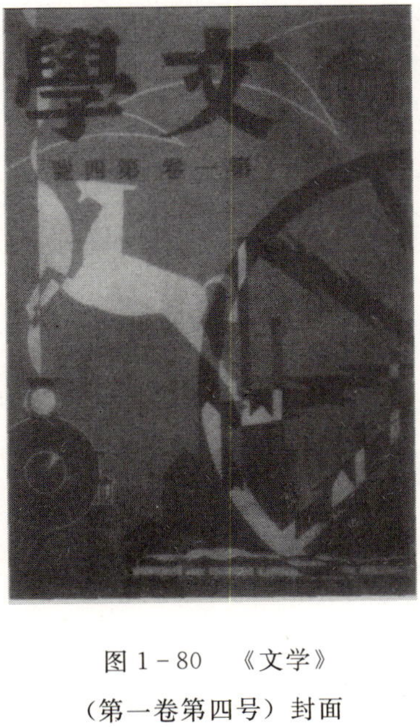

图 1-80 《文学》
（第一卷第四号）封面

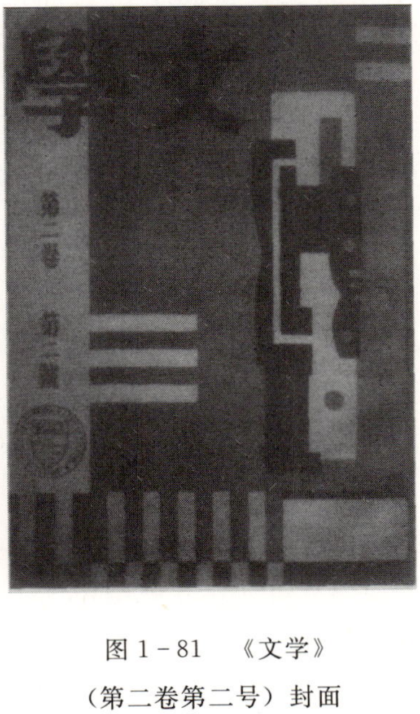

图 1-81 《文学》
（第二卷第二号）封面

图 1－82　《鲁迅自选集》封面

图 1－83　《发掘》封面

陈之佛并没有留下关于书籍装帧的著作，而是把更多的精力放在中国图案学的研究上，他特别重视图案的运用，出版了很多关于图案的教材，为中国图案学的发展奠定了基础。陈之佛认为装饰可以表达作者的思想和情感，给读者以情感化的心理感受，而不在于它是否在书籍的封面上或者作为插图等形式。他对中国图案学学科的建设和研究工作以及对书刊封面的创作思想对当代书籍装帧有着深远的指导意义。

第五节　其他书籍装帧艺术家

“五四”新文化运动时期涌现出很多书籍装帧艺术家，他们大多都汲取西方文化的养分，同时也保持着民族文化思想，他们可以做到取其精华，洋为中用，为中国书籍装帧的发展注入新的活力。除了前面谈到的鲁迅、陶元庆、钱君匋和陈之佛以外，还有丰子恺、闻一多、孙福熙、司徒乔等装帧艺术家。

丰子恺（1898—1975）的漫画被众人所熟知，他在书籍装帧中也体现出这样的风格，他不仅仅考虑书籍的主题思想，还会从封面、封底、扉页、环衬等方面综合考虑书籍的整体风格，他具有扎实的国画功夫，简单几笔即可以画出生动的形象。丰子恺曾经为朱自清、夏丏尊、郑振铎、叶圣陶、俞平伯、巴金、王统照等新文学作家的书籍设计封面。丰子恺的书籍封面作品颇多，有《海的渴慕者》《我们的七月》《结婚的爱》《剑鞘》《踪迹》《我们的六月》《音乐常识》《爱的教育》《开明第一英文读本》（图 1－84）《护生画集》（图 1－85）《从军日记》（图 1－86）《声海》（第一卷第一期）（图 1－87）《给小朋友们的信》（图 1－88）《江户流浪曲》《西湖漫拾》《两个青年的悲剧》《屠格涅夫生平及其作品》《续爱的教育》《春雨》《绿帘》《黄昏》（图 1－89）《学生漫画》（图 1－90）《洋琴名曲选（上篇）》（图 1－91）等。

图 1－84 《开明第一英文读本》封面

图 1－85 《护生画集》封面

图 1－86　《从军日记》封面

图 1－87　《声海》第一卷第一期封面

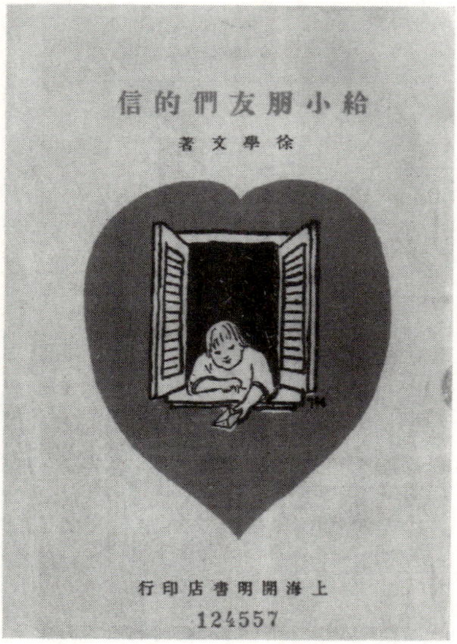

图 1－88　《给小朋友们的信》封面

图 1－89　《黄昏》封面

图 1－90 《学生漫画》封面

图 1－91 《洋琴名曲选（上篇）》封面

丰子恺也为书籍设计插图，他设计的插图内容丰富多样，涵盖小说、散文、诗歌、教科书、期刊、儿童读物、连环画等（图 1－92～图 1－97）。把丰子恺的插图与书籍的内容放在一起看，相映成趣，他能很好地将书籍以整体统一的形态呈现给读者，其中，1925 年为俞平伯的诗集《忆》设计的 18 幅插图被誉为“双美”。“双美”——内容美和装帧美。

图 1－92 《一般》九月号（诞生号）扉页

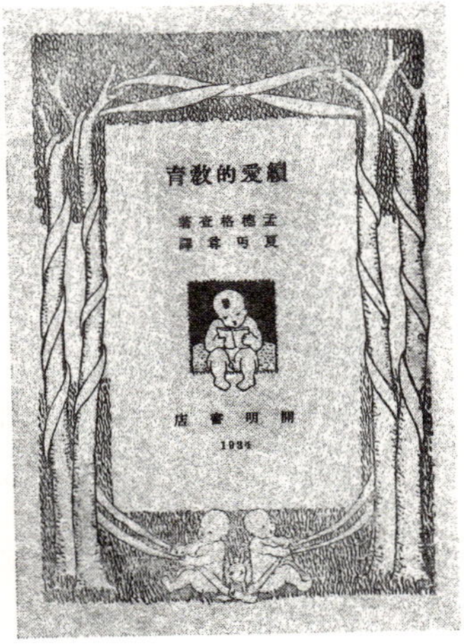

图 1－93 《续爱的教育》扉页

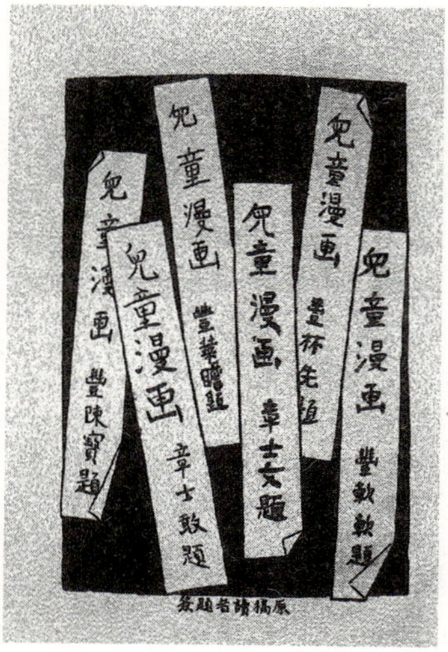

图 1－94　《儿童漫画》扉页

图 1－95　《新少年》第二卷第二号的扉页

图 1－96　《春晖》半月刊题花

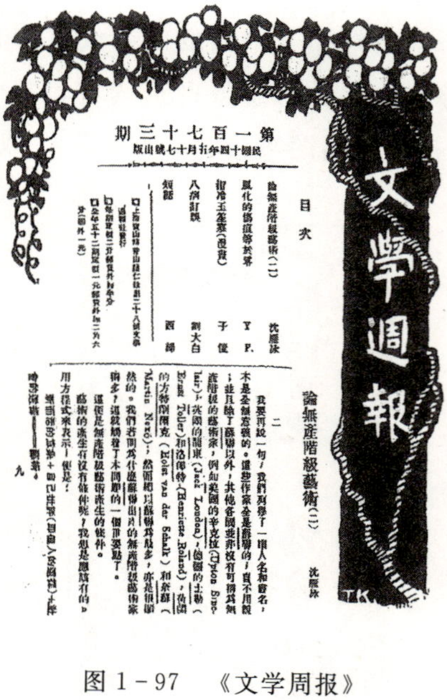

图 1－97　《文学周报》第一百七十三期题花

丰子恺在为《君匋书籍装帧艺术选》写的前言中，对书籍装帧艺术有过这样的阐述：

深刻的思想内容与完美的艺术形式的结合，是优良艺术作品的根本条件。书籍装帧既属艺术，当然也必具备这条件，方为佳作。盖书籍的装帧，不仅求其形式美观而已，又要求能够表达书籍的内容意义，是内容意义的象征。这仿佛是书的序文，不过序文是用语言文字来表达的，装帧是用形状色彩来表达的。这又仿佛是歌剧的序曲，听了序曲，便知道歌剧内容的大要。所以优良的书籍装帧，可以增加读者的读书兴趣，可以帮助读者对书籍的理解。

对于我们的书籍装帧，还有一个要求：必须具有中国书籍的特色。我们当然可以采取外国装帧艺术的优点，然而必须保有中国的特性，使人一望而知为中国书。这样，书籍便容易博得中国广大群众的爱好。①

闻一多（1899—1946）不仅仅是大家熟知的诗人、学者，他还是一位出色的书籍艺术家，以 1921 年为《清华学刊》所做的题图为代表。闻一多设计的书籍封面、扉页、插画、刊头等作品不少于 45 幅，他在留学（1922 年 7 月—1925 年 7 月）前后的十年间是参与设计书籍最多的时期。《闻一多全集·美术卷》收录的书籍装帧作品共 36 幅，比如：1917 年清华学校辛酉级刊《辛酉镜》的封面，1924 年杨振声《玉君》的封面（图 1－98），1923 年个人诗集《红烛》的封面，1926 年徐志摩《落叶》的封面（图 1－99），1927 年徐志摩《巴黎鳞爪》的封面（图 1－100），1927 年徐志摩、沈性仁译著《玛丽·玛丽》的封面，1927 年潘光旦《冯小青》的封面（图 1－101），1927 年梁实秋《浪漫的与古典的》的封面，1928 年个人诗集《死水》的封面，1931 年徐志摩《猛虎集》的封面（图 1－102），1933 年林庚诗集《夜》的封面（图 1－103）。闻一多将诗歌的美表现在书籍装帧设计

① 钱君匋．君匋书籍装帧艺术选［M］．北京：人民美术出版社，1963.

中，呈现出诗的意境。如徐志摩的散文集《落叶》，封面中落叶自上而下散落飘零，形成大小、远近的空间格局，让人浮想联翩。

图 1-98　《玉君》封面

图 1-99　《落叶》封面

图 1-100　《巴黎鳞爪》封面

图 1-101　《冯小青》封面

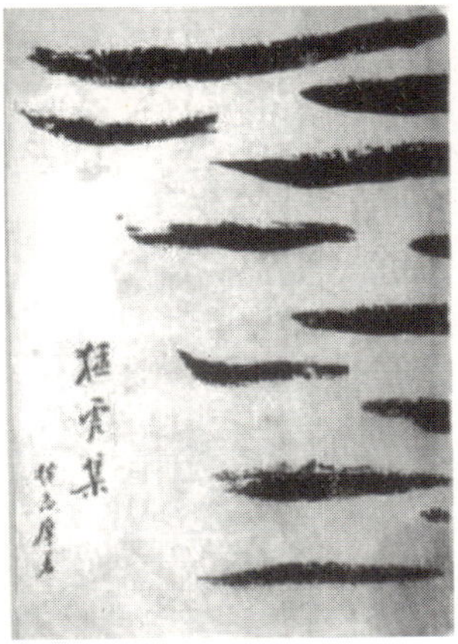

图 1-102 《猛虎集》封面　　图 1-103 《夜》封面

孙福熙（1898—1962），字春苔，现代散文家、美术家，孙伏园之弟。孙福熙 1912 年考入浙江省立第五师范学校，1920 年到法国国立里昂美术专科学校学习，1925 年回国后任北新书局编辑。孙福熙的书籍设计作品也非常值得关注，如《归航》（1926 年，图 1-104）《野草》（1927 年，图 1-105）、《山野掇拾》（1927 年，图 1-106）、《思想　山水　人物》（1928 年，图 1-107）、《冲出云围的月亮》（1930 年，图 1-108）等。孙福熙还先后出版了散文集《归航》《大西洋之滨》《北京乎》、小说集《春城》等。

图 1-104 《归航》封面　　图 1-105 《野草》封面

图 1－106　《山野掇拾》封面

图 1－107　《思想　山水人物》封面

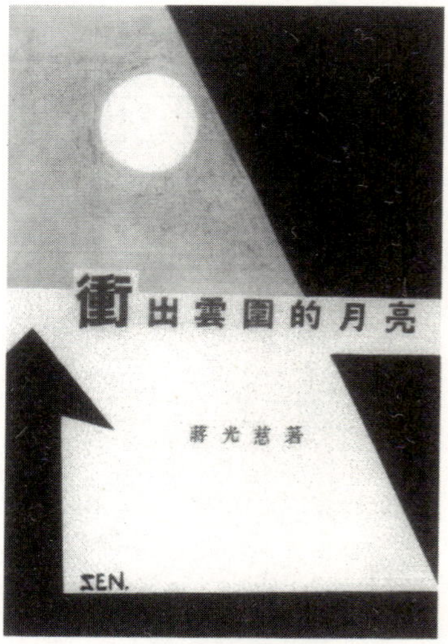

图 1－108　《冲出云围的月亮》封面

司徒乔（1902—1958），字乔卿，广东开平人，擅长素描、油画。司徒乔 1924 年进入燕京大学神学院开始绘画生涯，他十分努力刻苦，1928 年举办过个人展览，同年司徒乔出国深造，专攻油画，1931 年回国，在岭南大学教西洋画，1934—1935 年他先后担任《大公报》《艺术周刊》的美术编辑。司徒乔出国之前就参与过书刊设计，作品有《新俄文学的曙光期》《曼殊斐尔小说集》《饥饿》（图 1－109）《争自由的波浪》《莽原》（图 1－110）等书刊的封面，其中较为著名的书刊封面作品是鲁迅先生编辑的文学期刊——《莽原》的封面。1926 年 1 月 10 日，《莽原》

由原来的周刊改为半月刊。《莽原》的办刊理念是反抗旧世界、追求进步，鲁迅在致韦素园的信中提到想请司徒君为其设计封面，鲁迅十分欣赏司徒乔在画中流露出的“狂飙画法”，风格虽然粗糙但不失激情。司徒乔将他比较硬朗有力的艺术风格表现在《莽原》的封面上，冯伊湄在《未完成的画——乔小画室》中曾这样描写司徒乔这一时期的创作状态：“他不懂什么是用笔的规律，他那支画笔，像一匹无羁的野马，任意驰骋，喜欢他的画的朋友把它称为‘狂飙画法’。广州弄笔的时代是这样，北京时代，武汉时代，都是这样的画……他的技巧和他的才气远不相称，更和他对艺术的严格要求不相称，不知有多少次，他为表现不出眼前的物象与心中意境而苦恼，真情有谁指导一下才好。”[①] 1952 年，司徒乔受聘为中央美术学院教授，先后出版了画集，还为鲁迅先生制作完成了《故乡》《鲁迅与闰土》《一件小事》《药》等书籍插图。

图 1－109　《饥饿》封面

图 1－110　《莽原》封面

① 高信．民国书衣掠影［M］．上海：上海远东出版社，2010.

第二章　新中国成立后书籍装帧的发展

第一节　概述

书籍设计是伴随着科学技术的发展以及人们审美水平的提高而不断发展的，我国书籍艺术的发展与历史紧密相连，书籍艺术的形式反映出一个时代所表现出来的主要思想特征和艺术特征。从“五四”新文化运动开始，随着西方近代印刷术的传入，我国书籍装帧思想开始萌芽，许多美术家把装帧看作是书籍的重要组成部分，并且亲自动手设计。陶元庆设计的《彷徨》被鲁迅先生称为是中国装帧史上的经典。与此同时还涌现了一大批优秀的书籍封面作品。新中国成立后，人们在获取知识的同时，逐渐开始追求书籍的阅读情趣以及书籍设计的整体品味，这也是对于美的一种追求，反映着时代的精神。

装帧设计是社会经济、文化的体现，其发展必定是社会经济、文化发展的体现。书籍艺术与其他艺术一样，也会受到社会、政治、经济、文化的影响。书籍设计中的图形语言更加强调艺术的表现，人们在审美活动中，总是会把体现时代精神的艺术表现看作是美的，而过时的则被认为是不美的，这源于人们求新、求异的审美心理以及对设计审美的需求。现代书籍设计要想把握时代的脉搏，跟上时代的步伐，就必须与社会精神风貌保持一致。书籍艺术需要不断创新，不断注入活力，使这一传统的艺术形式紧跟时代发展的步伐，以满足读者日益增长的精神文化需求。同样，我们可以从现代书籍艺术的发展中看到这个时代特有的精神风貌和这个时代的美。设计风格是具体的，是对存在着的艺术品特征的描述，风格不是外在于艺术作品的，不能片面地认为艺术品的各个部分是由风格统一起来的，没有凌驾于作品或设计的各个部分之上的风格。设计风格包括两个方面：一是设计物的形式与功能相统一所展现的特征；二是设计者的设计观念与设计表现手法相统一而构成的动力结构，这两方面是统一的。我们可以从我国各个时期的书籍艺术风格中找到具有那个时代特征的图形语言。

新中国成立初期，百废待兴，党和政府十分关心出版事业，20 世纪 50 年代初国家专门成立了出版总署，充实出版社的美编人员，这些为我国书籍艺术开拓了广阔的发展空间。这个时期书籍装帧大多采用简洁而庄重的设计形式，图形语言多采用图案以及写实风格的绘画表现，素材内容是具有那个时代特征即象征和平的符号，例如红星、橄榄枝、橡树以及鸽子等。钱君匋设计的《电影歌曲集》（图 2 - 1），沈云瑞设计的《为了六十一个阶级弟兄》（图 2 - 2），卫水山设计的《和平的最强音》（图 2 - 3）等等都体现出新中国建立之初庄重、质朴的设计风格。从这些书籍设计作品中不难看出，封面中所采用的图形语言以及表现形式对书籍设计风格的影响，正是由于当时图形语言的单一，使得书籍所呈现的风格简约而质朴，当然也受到当时技术的限制，印刷基本采用铅印，一般不超过三色。总的来说，当时我国的书籍艺术家勇于探索，敢于尝试，为今后的书籍装帧的发展奠定了基础。

图 2 - 1　《电影歌曲集》封面

图 2－2　《为了六十一个阶级弟兄》封面

图 2－3　《和平的最强音》封面

在双百文艺方针的指导下，通过书籍设计工作者们的不断探索和不懈努力，我国书籍艺术逐渐走向繁荣，这个时期的代表作有《青春之歌》（图 2－4）、《红岩》（图 2－5）、《曲艺论集》（图 2－6）等。这些作品反映出新中国发展时期思想的深化和风格的走向，我们不难看出这个时期的设计早已摆脱了新中国成立之初的单一化的设计形式，设计者们更突显书籍装帧的艺术性和整体性的统一，大大丰富了书籍设计中的图形语言，大胆尝试不同的设计元素。我们还可以看出书籍艺术风格的变化中很大一部分是由于图形语言的不断丰富，设计者们从民族精神的文化中提取艺术创作的灵感，把民族文化精神与浪漫主义巧妙地结合起来，探索具有新中国时代精神风貌的书籍设计发展道路。我国第一部系统而全面地讲述书籍装帧历史的学术著作是邱陵编著的《书籍装帧艺术简史》，这本书也是在这个时期诞生的，极大地推动了我国书籍艺术的发展，反映出这个时期书籍装帧工作者对书籍艺术创作的探索。

图 2－4　《青春之歌》封面

图 2－5　《红岩》封面

图 2－6　《曲艺论集》封面

改革开放后，书籍设计者开始走出国门，学习国外优秀的创作思路，这段时期的书籍艺术风格的发展大致可以分为两个阶段——20 世纪 80 年代与 20 世纪 90 年代。在 20 世纪 80 年代，设计者充满了对优秀文化思想的渴望，他们打破原有的“程式化”设计，纷纷借鉴国外优秀的设计作品。代表作品如钱月华设计的《伟大的道路》（图 2－7），陶雪华设计的《神曲》（图 2－8），宁成春设计的《根》（图 2－9）等。这些作品充分代表了这个时期的书籍艺术风格，我们可以看出当时我国书籍艺术创造力的提高以及对书籍功能性与艺术性的整体把握，在对国外的优秀设计吸收与鉴赏的基础上探索出适合本国书籍艺术发展的道路，体现出我国书籍艺术新的生机和活力。

图 2－7　《伟大的道路》封面

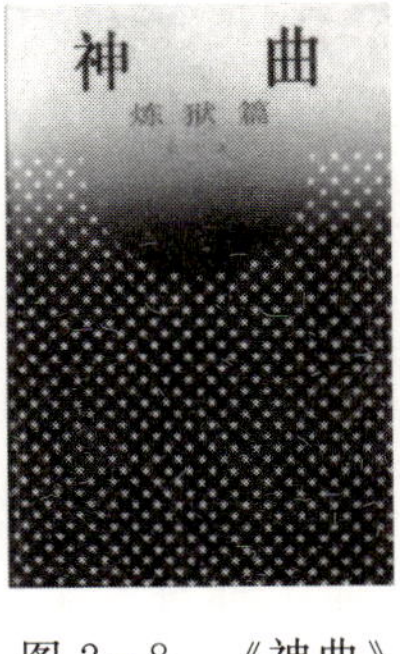

图 2－8　《神曲》封面

图 2－9　《根》封面

20世纪90年代是我国书籍艺术逐渐走向成熟的阶段，对书籍设计的理解从狭隘的封面设计逐渐延伸到整体设计，不仅注重封面的设计还包括书籍其他部分的设计，如环衬、扉页、内文版式等，甚至包括书籍的装帧材料。书籍艺术是一种综合诸因素的全面设计，由外及内，随着人的视觉流动以及手的触觉，合理布局并依附于内容之上的艺术表达，形成了整体的美感。同时，设计者们对书籍文化内涵的追求突显，他们能够准确把握我国民族文化精神，在学习国外优秀设计的同时探索适合我国书籍艺术发展的道路。装帧材料以及印刷工艺水平的提高，使得书籍装帧从视觉的美逐渐延伸到触觉的美，体现了当代书籍艺术的多元美感，也展现了这个时代的精神风貌。

第二节　图形语言的数字化

现代图形设计是现代视觉传达方式之一，图形是属于平面的范畴。图形一词的英文表述是“Graphic”，源于拉丁文“Graphicus”和希腊文“Graphickos”，图形早期的概念主要是：第一，由绘、写、刻、印等手段产生的图像记号；第二，是说明性的图画形象，以区别于词语语言文字的视觉形式；第三，可以通过各种手段进行大量复制；第四，是传播信息的视觉形式。从广义上讲，图形是所有能够利用来产生视觉图像并转为信息传达的视觉符号。图形作为平面设计中三要素之一，是设计中非常关键的环节，直接影响到三要素之间的关系以及信息传达的准确性，有时候图形比文字更形象、具体、直接，这也是图形艺术魅力的体现。图形随着社会的发展不断演绎着时代的特征，随着电脑和数码技术等现代科技手段的采用，现代图形的内涵在不断地扩大。我们通常把“看得懂”的图形视为具象图形，它是对自然物象的再现。而抽象图形则是通过打破常规观念，通过加工处理，成为人们所说的“看不懂”的图形。事实上，有的抽象图形并不一定是“看不懂”的图形，只是抽象的程度没有超过人们视觉经验中对物象的认识。也可以说具象图形和抽象图形之间的界限越来越模糊，只能说是在一定意义上的具象图形和抽象图形。这里讨论的并不是各种类型的图形，而是构成书籍版面中图形的主要设计元素，研究不同元素在书籍设计中所展现的风格。

语言是人类特有的、最重要的交际工具，如“文学语言”“音乐语言”“电影语言”等。图形也如此，也有着自己的语言，图形语言是形象、色彩以及它们之间的组合关系。图形语言像其他语言一样，有一套自己的“词汇”“语法”结构，众多的词汇通过有机的组合构成了语言，不同的词汇、不同的组合形成不同的语言的表达方式。任何一个语言符号所表达的意义和内涵并不是固定不变的，而是随着时代的发展而不断发展的，以新的观念和表达方式表现出新时代人们的观念和审美需求。书籍设计中图形语言的运用，通过其合理化的表达，传达给读者视觉上的美感和精神上的愉悦，可以说图形语言超越了地域和国家，以它特有的表达方式搭建起沟通的桥梁。如今在图形表现方式的多元化发展过程中，具象图形与抽象图形之间的界定已经渐渐模糊，为人们所熟悉的图形往往很难引起强烈的视觉新意，需要图形之间的相互融合产生“新”的图形表现方式。我们可以用摄影的方式采集具象图形，通过电脑的图形设计软件融入其他的表现形式，打破了正常的视觉经验，产生强烈的视觉印象，达到意想不到的视觉效果。书籍设计的图形语言就是将多种信息归纳为具有寓意的视觉表现，使图形语言的内涵更为丰富，这也是图形语言的魅力所在。

图形与文字在书籍中发挥着同样重要的作用。文字先于图形，图形呼应文字，两者构成了书籍的视觉表现主体。图形的范围十分广泛，它包括了各种各样的视觉形象符号，无论传统的还是现代的，均可以视为图形。书籍中的图形所要传达信息不仅仅是简单的呈现，而是对传达的信息进行加工和提炼的再次创造的过程，需要对素材进行有益的选择。它的视觉传达功能通过图形语言将主题生动形象地表现出来，以便加深人们对主题的理解和记忆。图形的视觉传达并不是元素的盲目堆砌，而是寻找能表现所要传达信息的主题元素，从而达到信息的准确传达。更重要的是，图形的视觉传达作为人与人之间的沟通途径，强调的是与受众的互动。如何才能做到与受众的互动呢？这就需要通过图形语言艺术的表现引发受众的共鸣，挖掘信息背后所承载的情感及情感引发的心理感受。图形语言的恰当运用使图形传达出强烈的艺术感染力，达到对所传达信息的有效传播。书籍设计中图形正是利用视觉传达的直观性和有效的、生动的、丰富的表现力，将书籍的内容和信息传达给读者。图形图像处理技术的逐渐成熟将进一步加强和扩展图形语言对信息的准确、有效传达。图形图像处理技术使得图形的表现更加多元化，通过数码相机、图像扫描等现代数字手段将图形转化为不同的数字文件在电脑上进行设计，三维的影像表现融入二维平面图形中，同时电脑绘图软件还可以把图形中的元素分解重构，产生意想不到的视觉效果。本文主要讨论的是现代图形元素以及其在书籍设计中的运用，我们把运用现代技术手段表现的图形语言称为图形的现代“词汇”。

现代书籍设计中，图形图像处理技术的介入改变了以往把大部分时间用在绘画或手工制作上的状况，设计者开始像使用常规工具一样使用电脑，电脑技术把以往绘画或手工制作完成稿变成了可以直接交付印刷的“菲林”，大大节省了书籍从设计到出版的周期。本文主要讨论了三种常见的、具有时代性的图形语言的设计元素，它们分别为：影像元素、绘画元素、文字元素。

一、影像元素

摄影与绘画、书法、电影、电视等其他艺术门类一样，都是一种艺术形式和艺术手段。数码相机使用图像传感器（CCD）来感光，将图像转化为不同的数字文件，存储在内存卡中，这种由数字文件来存储的图像，统称数码影像①。获取数字影像的方式还有图像扫描等。数字影像

① 王传东．现代摄影教程［M］．济南：山东美术出版社，2003.

可以说是一种以计算机数字文件形式存在的影像，数字摄影技术不断完善并被广泛应用，使编辑图片变得更加轻松。“读图时代”已经进入我们的生活，以往书籍设计中的超写实的画面已经逐渐被摄影图片所取代。数码摄影以独特的艺术视角、独特的摄影技术完成对艺术的探索，并不受传统摄影规则的制约。磁盘代替了胶卷，计算机代替了暗房，每一个环节都可以通过计算机来控制，计算机及其相关数字设备的广泛应用，为摄影艺术创作了更为广阔的空间。摄影与动态的生活本身融为一体，使外部世界和内心世界互相沟通。当代影像的发展已经超越了语言概念的直观印象，它是时尚、新鲜的、流行的代名词，影像已经成为一种不可替代的交流手段。当影像介入到书籍设计中，用于表达书籍的内涵，那不仅仅只是显现出三维立体形态，更多的是一种视觉心理效应（图 2-10）。摄影艺术的特点在于它的空间感、立体感、物体的质感，可以更好地展现书籍的内涵，使艺术更贴近生活，贴近大众，唤起读者的情感，拉近书籍与读者之间的距离。

图 2-10 《贵州傩面具艺术》的封面设计

影像元素的表现方法有很多，改变了传统书籍设计模式，呈现出别样的表现形式和艺术风格。各种表现形式可以通过电脑后期处理获得，影像的再设计大大拓宽了创作空间，设计者可根据书籍设计的不同要求对原始的影像进行再创作，创造出各种意想不到的视觉效果。现代图形软件功能强大，无论影像是用数码相机获得，还是通过扫描的负片、反转片，设计者都可以任意地对影像元素进行编辑，以达到创作意图。事实上，影像元素的运用已经大大超越了人们的想象。

二、绘画元素

绘画是艺术的一个门类。绘画从工具、材料和技法上来分，可分为中国画（水墨画）、油画、版画、水彩画、水粉画、素描等；从表现的题材内容的不同来分，可分为宗教画、历史画、风俗画、肖像画、风景画、动物画、静物画等；根据作品形式的不同，还可以分为壁画、年画、连环画、宣传画、漫画等形式。绘画艺术是在人类发展初期就出现了的一种古老的艺术形式，以绘画方式展现人们的内心世界。早在远古时代，人类就利用石器在岩壁上或洞穴里刻绘出各种形象；纸张的出现为绘画艺术拓展了发展的空间；人们可以通过电脑进行美术创作，显示器代替了画布，计算机内部设置的各种绘图工具代替了笔、墨以及颜色等。在书籍设计中往往直接或者间接运用绘画元素，设计者通过电脑的后期制作对绘画元素进行分解与重构，进行再创造形成新的图形表现方式，这必定会打破一般常规的视觉经验。绘画元素运用到书籍设计中，其传达信息的功能往往令人印象深刻，产生视觉的新异感。运用绘画元素进行书籍设计，既不是照搬传统，也不是效仿西方，书籍设计者不仅能够理解绘画元素，还要将这些元素巧妙地运用于书籍设计中，这是一种形式与内涵之间的转化。绘画元素使书籍具有传统绘画形式的美（图 2－11）。只有掌握了这一表现形式，才能使传统绘画元素在现代书籍设计中体现出丰富的内涵。设计者只有很好地把握中国传统文化的精神内涵，传承与创新，运用现代技术手段传递传统文化内蕴，才能创作出具有中国民族特色的书籍装帧作品。

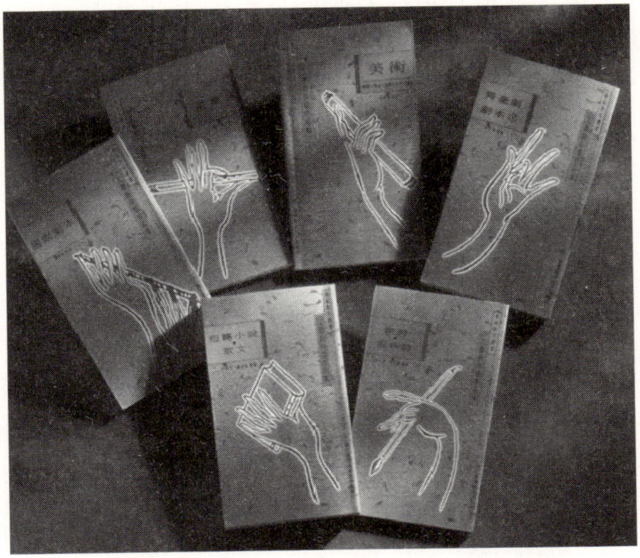

图 2-11 “文艺创作奖作品集系列丛书”的封面设计

三、字体元素

本书谈到的字体是作为一种图形化的表现形式呈现在书籍的设计中，这时的字体是设计元素，借用字体的形态形成了图形化的视觉语言，字体图形化成为字体艺术性表达的具体体现。所谓字体图形化设计，就是对字体的形态进行设计，以图形的视角来审视字体，用艺术的手段处理字体，产生独特的视觉印象。设计者将这样的字体作为元素进行设计，字体的艺术性、表现力便成为设计的重点。当然，在书籍设计中运用字体元素时，设计者必须把握字体的特征，特征具体到文字的形态，例如特征分明的黑体与宋体的字体形态。常见的书法字体有篆书、隶书、楷书、草书和行书，它所体现的是字体笔画、落墨之间的疏密关系以及整体产生的书法神韵。书法艺术运用到书籍设计中能传达出独特的视觉效果，如图 2-12 所示。《中国书法艺术》这本书的封面设计采用了“中”这个字的书法体，恰当地运用到封面设计的构图中，呼应书籍的主旨内容。奔放的草书承载着书籍的主题意蕴，又体现了书法的形式韵味，唤起读者的情感共鸣，大大增加了读者的阅读兴趣。

图 2－12 《中国书法艺术》的封面设计

第三节 图形语言的表现

本节主要总结归纳了三种元素在设计中的不同的运用方式，分别是元素的直接运用、间接运用以及组合重构。在此基础上通过个案分析以及笔者设计的实例，研究不同元素在设计中所展现的不同风格。

一、元素的直接运用

图形语言的表达有时会很直观地运用到书籍设计中，直接运用设计元素关键在于使用与书籍内容相关联的图形，通过合理的设计呈现出

来，以突出元素的真实感，拉近与读者之间的距离。图 2-13 是一本精

图 2-13 《紫禁城宫殿》的封面设计

装的建筑画册《紫禁城宫殿》，它将影像元素整体运用到封面上，蓝天白云映衬下更加突出主体形态。封面将宫殿飞檐的栋梁巧妙地运用为书脊的图形，宫殿檐顶则是左右呈现在书籍的封面和封底上，形成对称的构图形式。设计者将这样一副具有视觉冲击力的照片直接作为封面图形融入封面中，是对设计元素的直接再现，重要的是将生活中寻常的物象，选取独特的视角，恰当地运用到书籍设计中，做到寻常中的不寻常，引起视觉的新异感，更容易抓住读者的视线。《国泰书画集》这本画册（图 2-14）是将绘画元素直接运用在封面上，构成了书籍封面特有的审美趣味。《梵高传》（图 2-15）这本书的封面也是运用绘画元素再现封面内容。这是现代书籍设计中常用的以图形为"形象内容"的设计手法。《大学生心理健康教育论》（图 2-16）是笔者设计的一本科教类书籍的封面，书籍的主题比较抽象，很难用直观的图形语言表现出来，因此选取抽象元素构成封面的图形语言，既突出书籍的形式美感，又增添了画面的意境。问号这个抽象元素传达出一种含蓄的美，突出了"心理"这个主题，与书籍内涵相互辉映，大

大增加了读者的阅读兴趣。

图 2－14　笔者参与设计的《国泰书画集》的封面

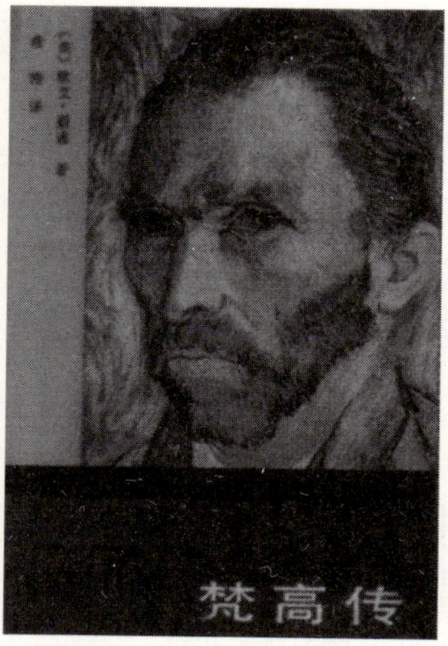

图 2－15　《梵高传》封面

图 2－16　笔者设计的《大学生心理健康教育论》的封面

此外，将中国传统的书法艺术作为字体元素进行创作，也是字体图形化的特有形态。书法艺术被直接运用到书籍设计中，既体现了民族特色，又具有现代感，使传统书法艺术焕发新的活力，让世界更加了解中国传统书法艺术的特殊魅力。把传统元素融入现代书籍设计中，探索具有我国民族特色的书籍艺术发展道路，意义重大。如《郑板桥书法集》这本书的（图2－17）封面设计就采用了书法作为设计元素，表现出极具民族特色的艺术风格。设计者切忌一味地盲目照搬，否则会造成对素材的简单移位和复制。现代的书籍装帧设计应该是基于对元素特性的认识和了解的基础上，将传统文化合理地运用到设计中。我们需要借鉴和学习传统艺术文化所表现出来的创造性思维和方法，继承本民族的优秀文化传统，植根本土文化，传承与发展出具有民族特色的现代图形语言。

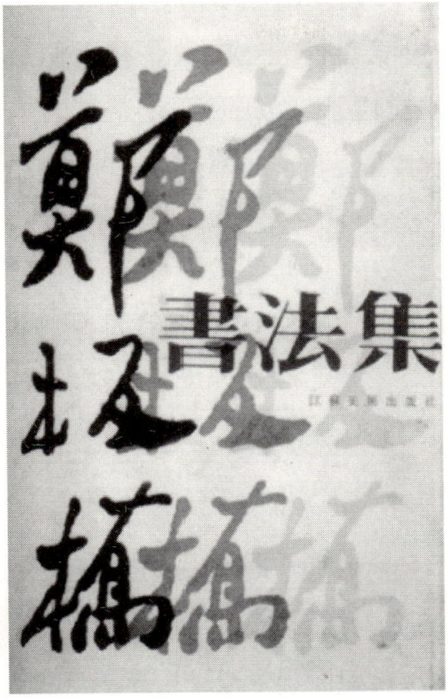

图2－17　《郑板桥书法集》的封面设计

二、元素的间接再现

除了直接运用，设计者也可以采用间接再现的表现方法，不是再现事物的原貌，而是在原貌的基础上通过艺术的加工、提炼而呈现出的一种表现方式，间接再现的手法蕴涵着我国传统文化的“含蓄美”。我们留意一下身边的书籍就不难发现，并非所有的书籍设计都将元素直接运用，有些成功的作品是以含蓄的表现方式来构成画面的主体形象。这些成功的设计作品最大的特点就是采用读者最为熟悉的视觉元素，从读者的感受出发，将人们所熟悉的物象在不改变其原有形象性质的基础上进行创意设计，把为人们所熟悉的视觉元素转变成另一番样貌，它超越了元素的固有面貌，甚至是打破了空间构成，把不同空间的视觉元素巧妙地组合在一起，这样新奇、独特的方式必然会突破一般正常的视觉经验而显现出强烈的视觉印象。如《中国书法文化大观》（图 2－18）这本书的封面就运用了老百姓所熟悉的古代城门的影像元素，营造了一种庞大的艺术氛围，在原有城门外部轮廓的基础上加入山峰的影像，把两个毫无关联的元素通过原有城门的外部轮廓关联在一起，寓示着城门打开，进入书法文化世界，体现了书法文化的悠久历史。

图 2－18　《中国书法文化大观》的封面设计

此外，间接再现不仅仅是在原有形象基础上的创意设计，还可以在同一画面上运用同一元素的不同视角、不同位置所显示出来的不同部分进行重新组合，可以借元素所反映的信息，以原有视觉经验在脑海里还原主体形象，大大增加了视觉的趣味性。如《中国兵学》（图 2－19）这本书的封面采用兵马俑的形象为设计元素，通过分解重构的形式将兵马俑从不同视角、不同位置重新组合，大大丰富了封面的形式美感，具有强烈的视觉印象。书籍设计者运用间接再现设计元素的表现方式给读者留有一定的想象空间，读者从图形中联想到书籍的主题，在无限畅想中感受阅读的快乐。

图 2-19 《中国兵学》的封面设计

三、元素的组合重构

关于书籍设计中的图形语言，设计者可以根据书籍内容所要传达的信息，在看似毫无关联的形态之间寻求可以使它们产生关联的因素——共性因素，然后加以组合产生新的视觉效果。这里的图形语言可以是同一风格的，也可以是不同风格的组合重构。

在设计中，设计者有时并不是把影像元素完整无缺地运用到书籍中，而是利用电脑图形软件对所需的元素进行加工处理，截取其中一部分与其他设计元素组合重构，甚至完全看不出组合后新图形的原素材。这种表现形式意在对书籍内涵的多层次表现，可以说它延续了后现代艺术的一个重要的特征——拼贴，把互不相干的设计元素通过电脑的后期处理进行剪贴、重叠，组成新的图形。《东史郎日记》（图 2-20）这本书的封面将影像元素通过电脑处理，只留下所需的部分再进行虚化、叠加，改变原始影像的原貌，使原有的素材在经过加工处理后形成了新的样式。电脑的介入为元素的组合重构提供了便利的设计手段，在近几年的书籍设计中经常被运用。设计者将重新组合的图形语言的特质与书籍的内涵巧妙地结合起来，形成全新的视觉表现效果。《装饰》（图 2－21）这本杂志的封面设计新颖，设计者用多种字体构成杂志的名称及其相关信息，同时与影像元素相结合，利用穿插组合的形式使封面整体视觉富有层次感，更具现代感。

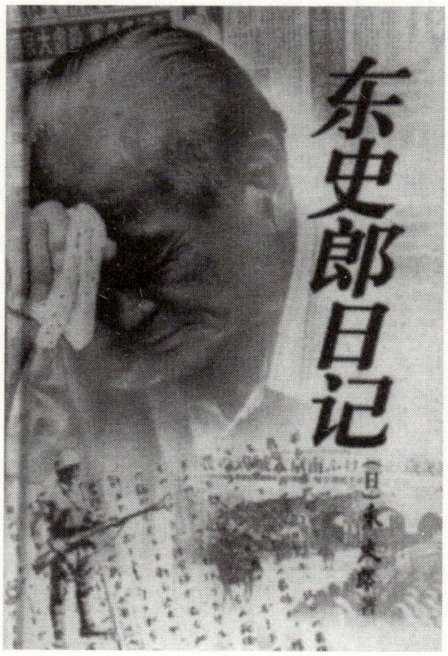

图 2－20　《东史郎日记》的封面设计

图 2－21　《装饰》杂志的封面设计

此外，元素的组合重构并不一定完全存在于不同类型的元素之间，也可以用于同一类型的设计元素。《天涯》（图 2－22）这本杂志的封面就是运用不同类型元素创意组合的方式来表现同一个字体，通过对字体形状的截取以及与其他字体形状重构，还原字体原貌，例如“美”字是由掌纹的一部分与“美”字的一半，通过月牙状的影像作为衔接重新组合而成的。图 2－23 是笔者设计的一本教科书《电影：理论与实践》，同样也是采用了元素的组合重构的方式设计书籍的封面，选用镜头的影像为其中的设计元素，同时采用篆体“影”作为背景，增加了画面的层次感，也呼应了书籍的主题，提高了读者的阅读兴趣。

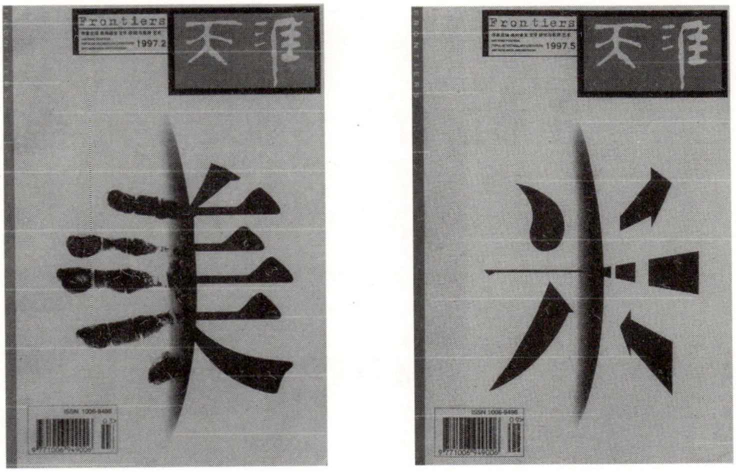

图 2－22　《天涯》杂志的封面设计

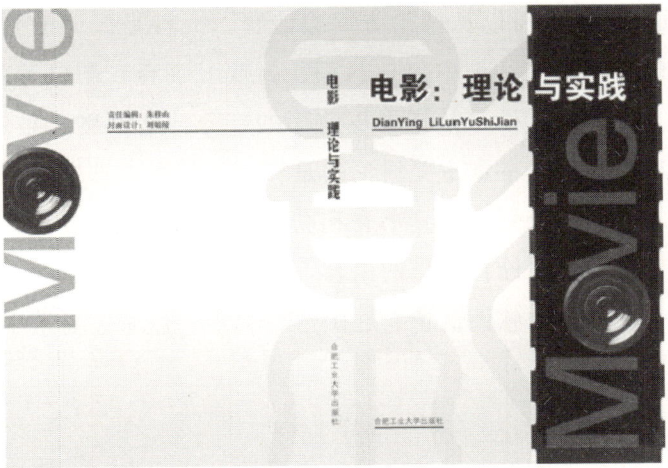

图 2－23　笔者设计的《电影：理论与实践》的封面

第三章　图形语言在书籍装帧中的运用

第一节　书籍的外观设计

一、封面

“封面”的概念可以从两个方面去诠释。一种是广义的封面，是指包着书籍的整个书皮，其中包括封面、封底、书脊、勒口等各个部分；而另一种是狭义的封面，是指书皮前面的部分，这个概念是针对书脊、封底、勒口而言的。本章主要讨论的是广义的封面，即书籍的前封与后封，后面的部分将分别讨论到书脊和勒口。封面是书籍设计的重要组成部分，是用艺术语言诠释书籍的内容，使读者在第一眼看到书的时候就对其内容有个基本的感性认识。在图形、文字、色彩三要素中，是从图形中获得。

1. 影像元素

摄影素材在现代封面设计中是最主要的设计元素，一幅好的摄影作品可以说是一幅好的封面设计，它以极具感染力的直观印象诠释书籍的内涵，同时也具有纪实性。影像元素的特点与封面设计所需要表现的内容有机结合，使得书籍的封面具有很强的形式美感，得益于电脑后期制作给影像元素的发挥提供了更为广阔的创意空间，通过图形图像软件制造出人们意想不到的图形，还可以把两个处于不同空间的影像通过技术手段拼合到一起，给人以强烈的联想空间和心理感受，尤其在科技类书籍、画册、期刊的封面设计中运用广泛。影像元素的直接运用很常见，如笔者设计的《校园风光》这本画册的封面（图 3－1），用与书籍内容一致并具有代表性的校园风光的影像元素作为书籍封面设计的主体形象，给读者以强烈的视觉冲击力，对画册的主题也有了初步的诠释。在设计中，书名是封面视觉设计的第一元素，占据了极为重要的位置；图形是仅次于书名的第二视觉元素，但有时影像元素的视觉冲击力会超越书籍字体，甚至会取代书籍的名称成为封面显著的中心。当人们在书架上看到这本书的封面时，看到它的摄影素材就相当于看到书籍名称，感受到了书籍传递给读者的信息，摄影素材成功地将书籍内容转化为“有意味的表现形式”，体现了影像元素本身的特质，是“功能性”与“艺术性”的有机统一。图 3－2 为《中国文化精要》这本书的封面设计，设计者选择最典型的影像元素作为书籍封面设计中的主体形象，将不同时期、不同空间中代表中国文化的影像元素巧妙地组合在一起，有力地烘托了“中国文化”的主题，给人以强烈的视觉冲击力。

图 3－1 笔者设计的《校园风光》的封面

图 3－2 《中国文化精要》的封面

设计者可以根据影像元素之间内在的关联性，把不同的影像元素组合成新的图形。图 3－3 为《THE FACE OF HONG KONG》一书的封面，设计者采用四个性格不同的香港典型人物的面孔，通过元素之间的关联性，也就是重构成一个特别的脸谱，从而表现出多位香港著名人物形象。

设计者把毫无关系的事物通过主题的关联性，运用计算机的图形技术处理手段，重构成为完整的图形，呈现出更为深刻有力的视觉感受。

2. 绘画元素

当绘画元素遇到数字技术，它也展现出如影像元素般的广阔的创作空间。《国泰书画集》（图 3－4）这本设计精美的画册，笔者选取了作品集中具有代表性的绘画作品作为设计元素，截取其中一部分参与封面的设计，绘画元素巧妙地运用于书籍设计中，使得绘画的形式感与书籍封面的版式相得益彰。封面设计中不仅仅可以直接运用绘画元素，也可以采用元素的组合重构，形成新的封面形象。摄影与绘画两者的艺术表现特点不同，会产生不同的视觉效果和意境。《素描基础》（图 3－5）和《艺术解剖》（图 3－6）是套书，封面都采用了多种绘画素材组合的方式。设计者将一些优秀的素描作品以大小不同的方式展现在封面上，充分体现了书籍的特性，呼应了书籍的主题内容。

图 3－3 《THE FACE OF HONG KONG》的封面

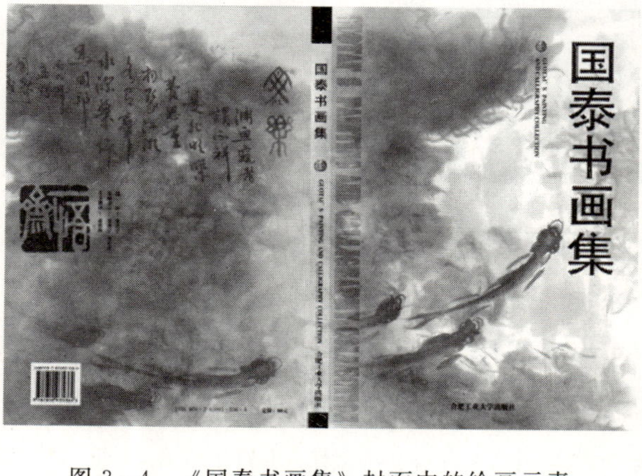

图 3－4 《国泰书画集》封面中的绘画元素

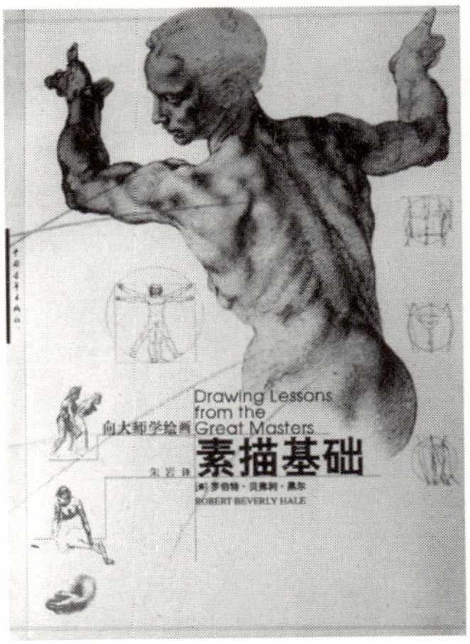

图 3－5 《素描基础》的封面

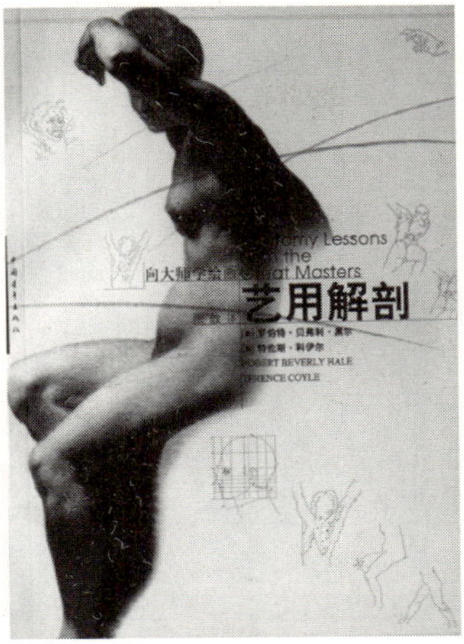

图 3－6 《艺用解剖》的封面

3. 字体元素

字体元素在书籍封面上的运用较前两者更具现代感，其设计风格也有别于影像元素和绘画元素。图 3－7 所示，《20 世纪思想家辞典》的封面采用阿拉伯数字“20”构成封面主体图形，简洁大方，借用“字体”的特质形成一种图形化的视觉语言，“字体”特有的形态、特有的表现也产生了一种自身的审美意识，整幅画面通过文字属性传达出书籍的主题思想。字体元素运用过程中的另一个重点就是文字本身所含的一种寓意，并不仅限于文字的外形特质，而是需要根据对书籍内涵的理解来深化。设计者运用的“20”这个数字既代表了书籍名称，也代表了 20 世纪思想家，很好地将书籍的功能性与艺术性有机统一，使画面更富有动感。《赤彤丹朱》这本书的封面（图 3－8）由吕敬人先生设计。吕先生运用书籍名称的四个字作为设计元素，将四个字巧妙地排成窗形，字间空当处衬出一轮红日，给读者留下了想象的空间。这样的构图新颖独特，以其独有的表现形式吸引着读者的目光，大大增加了读者的阅读兴趣。

图 3－7　《20 世纪思想家辞典
生平·著作·评论》的封面

图 3－8　《赤彤丹朱》的封面

封底的设计是书籍设计中一个重要的环节，也是容易被忽略的环节，需要强调的是封面和封底的协调性和统一性。长期以来，书籍的封底是设计的盲区，但是书籍装帧是通过每个部分组成的整体美，所以应该把书籍艺术的观念提升到立体的、全方位的角度，而不是孤立的、单一的封面设计。封底所处的位置虽然不像封面那样醒目，但是有了封底的烘托，才能让整个封面设计更加连贯，形式更为统一。封面采用的元素要在封底中有所表现，封面和封底的设计形式要与书籍的内容相统一，设计者要注重封面内容和封底内容的相互呼应。同时，设计者要根据书籍内容的不同，找准设计的定位，选择适合表现书籍内涵的图形语言，并不一定是流行的、时尚的图形就一定适合所有书籍的设计，传统的民族元素也能表现民族特色。《临床骨科学》（图 3－9）这本书的封面就很好地诠释了书籍的整体美，也体现了时代美。封面的主体形象与文字相得益彰，使封面形成了疏密对比的关系，增强了封面的层次感。在封底的处理上，设计者采用点与面的烘托关系，既呼应了前封，又区别于前封，形成了不同的表现形式。整个外封的整体设计既富有变化，又体现了统一。封面和封底对同一图形的不同安排非常讲究，给人留下了深刻的印象。《概率论及统计应用》的封面（图 3－10）由笔者设计，在设计封面时，笔者特别注重封面的整体形式，运用繁简对比的关系，以封底的“简”烘托封面的“繁”，运用抽象的图形与具象的数学符号制造出三维空间的层次感，通过有序的排列组成封面的主体形象，采用同一色调统一整个封面，使整个封面富有节奏感和韵律感。

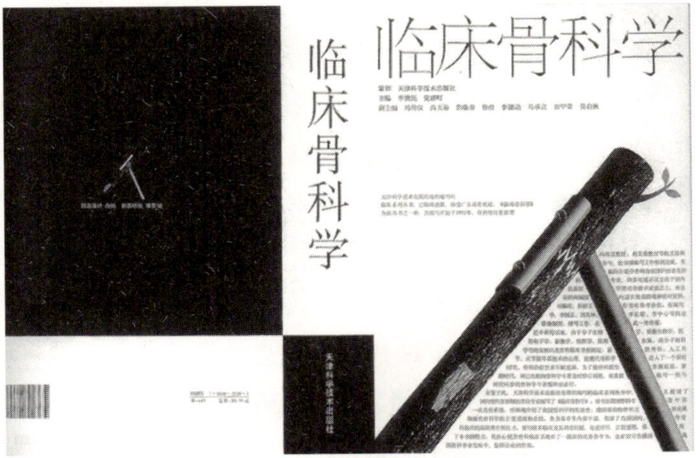

图 3－9　《临床骨科学》封面设计的整体美

图 3－10　笔者设计的《概率论及统计应用》的封面

二、书脊

书脊是书的脊背，它连接着书籍的前封与后封，也是外封设计中一个重要的环节。它的宽窄是根据书籍内文页的厚度而定的。精装书的脊背有圆脊与方脊之分。虽然书籍的脊背在书籍的外封中所占的位置只有书的厚度那么宽，但是当书籍被放置于书架上的时候，书脊便成为书籍的第二张封面。读者通过书脊所传达的信息选择自己需要的书，我们应该把书脊视为书籍的第二张封面加以重视，更应该关注它的艺术性与功能性的有机统一。设计者对书脊进行设计时，既要注意信息传达功能，也需要与封面设计风格乃至书籍整体风格相统一，体现出书籍设计的整体性以及书籍内容的个性。书籍的名称（如果是丛书，还需放上丛书名）、著作者、册次以及出版社名称都需要一目了然地放置在脊背上，以便读者对书籍的识别。对于这些书籍信息的设计，设计者可以采用与封面同样的字体样式，保持书籍设计的整体性。对于书脊上的图形语言，设计者可以重复封面使用的视觉元素，有助于设计风格的统一。《走过硝烟》（图 3－11）这本书将书脊融入封面整体设计中，人物的影像元素重复使用在书籍的脊背上，既反映了书籍的内涵，又体现了书籍设计风格的个性，让读者在摆放众多书籍的书架中，通过脊背很快了解书籍的信息。此外，脊背的设计也可以是封面整体图形中的一部分。图 3－12、图 3－13 所示的日本书籍设计，就是将外封整体视觉元素的其中一部分内容作为书脊，既体现了脊背的功能性，也体现了书脊的艺术性，突出了书籍的整体美感。《国泰书画集》的脊背设计也是采用以上的表现方法，整个封面恰当地运用了画集里具有代表性的绘画作为设计元素，从封面到封底的展开，书脊的图形语言成为画中的一部分，不同于一般单一的脊背设计，更体现了绘画语言的形式美感，生动有趣，使整个书籍的外封就像一幅美妙的画，烘托出书籍的内涵和品位。脊背也可以单独进行设计，在保持与封面设计风格统一的基础上，加入一些其他的设计元素（图 3－14），具有很强的艺术感染力。

图 3－11 《走过硝烟》的脊背设计

图 3－12 日本书籍的脊背设计（一）

图 3－13 日本书籍的脊背设计（二）

图 3－14 书籍的脊背设计

如果是丛书或者是套书，脊背设计则需要注重整套书籍脊背上图形的连续性或风格的统一性，如《巴金选集》（图 3－15）丛书共十册，脊背组成的图形是一棵枝繁叶茂的参天大树，体现了图形的连续性，大大增加了视觉趣味。《毛泽东之路》（图 3－16）则突出地体现了图形风格的统一性，采用毛主席不同时期的影像元素作为设计素材，统一中带有变化，呼应主题。

图 3－15　《巴金选集》的封面

图 3－16　《毛泽东之路》的封面

三、勒口

勒口是精装书或者比较考究的平装书中，前封与后封的书口处再延长一定尺寸向内折叠的部分，既起到保护封面以免卷折封面的作用，又延续书籍整体的美观。勒口的宽度根据书籍内容和形式的需要以及纸张规格而定，主要取决于开本的大小以及设计形式的需要，为书籍增添美感。勒口上一般出现一些书籍的相关信息如书籍内容、作者简介、书籍广告以及有关的图片信息，使读者对书籍有一个大致的了解。勒口的设计除了满足功能上的要求外，也配以图形与封面设计风格相统一，提升了书籍装帧的质量。勒口的设计成为书籍整体设计中的一个重要组成部分，越来越得到书籍设计者的重视。勒口的审美功能通过读者翻阅书籍时体现出来，《国泰书画集》的勒口设计（图 3－17）将图形语言与所需传达的信息相结合，把作者的照片、个人简介放置在勒口处，使读者在欣赏内容之前就对作者有了一个基本的了解，拉近与读者之间的距离，同时将封面的图形延伸到勒口上，既与封面设计主题相统一，也使勒口部分层次丰富，整体感强。《校园风光》（图 3－18）的勒口部分同样也采用了这种设计形式，将勒口打开与封面处于同一平面时，便是一幅完整的校园风光，承接了封面的影像，既起到装饰作用，也使封面与勒口更具连贯性，同时也使书籍整体设计显得比较精致。虽然几乎每本书的勒口的设计元素都与封面的元素相统一，但是在勒口处提供的信息功能和审美功能上，每本书有所不同，这样我们就比较容易把握勒口的设计以及封面的整体性。

与此同时，当读者翻看书籍的时候，映入眼帘的除了书籍的勒口之外，更大一部分是勒口与环衬的协调统一，如何调节好勒口与环衬在视觉上的关系，使之具有统一的整体美，而不至于出现因元素的无秩序的混乱造成视觉疲劳，这是尤为重要的。这就意味着设计者对书籍设计的各个组成部分在考虑其功能性的基础上，要从书籍整体设计的角度出发进行设计。设计者要把握图形语言在书籍整体设计中的节奏和韵律，既要通过图形语言突出书籍的内涵，又要注重对人的视觉感受的影响，在人的视线流动中产生连贯的美。

图 3－17 《国泰书画集》的勒口

图 3－18 《校园风光》的勒口

第二节 书籍的内部设计

一、环衬

书籍的“连环衬页”简称环衬，在书籍的整体设计中是不可缺少的组成部分，环衬在封面与书心之间，有一张对折双连页纸连接封面与书心，起着承上启下的作用。书籍被展开后呈现出完整的开本大小，环衬分为前环衬和后环衬两种形式，放在书心的前面，与封面相连的称为前环衬，放在书心的后面与封底相连的则是后环衬。环衬的目的是引导读者的视线往书里走，也是进入正文页的前奏，为正文做铺垫。这要求环衬的设计是基于对书籍整体性把握的基础上，要注意与书籍设计风格的统一。在精装书中通常采用前后环衬的装订方式，因为这个部分的制作工艺使书籍展开的时候不容易起皱，同时也使封面和内文保持整齐，当然也是精装书中比较容易出彩、吸引读者眼球的部分。不过有些平装书也会采用前后环衬的装订方式。

总体上来说，环衬设计中的图形语言会随着书籍设计风格的不同而不同，这是基于视觉的流动性而言。当然，环衬也需要与书籍的封面有所区别，毕竟书籍是一件艺术品，需要考虑到每个细节，在变化中求统一，这样才会使书籍的整体具有节奏感与韵律感。在环衬中大面积采用影像元素比较少，因为影像元素具有较强的视觉冲击力，容易与书籍封面的视觉效果相冲突，毕竟环衬只是封面的陪衬，在视觉上应当弱化。需要注意的是，影像元素作为版面构成中的“点”元素，在环衬设计中穿插能体现出三维的空间感、纵深感，打破了二维平面的形式单一。《中国七大古都》(图 3－19) 这本书的设计具有极浓的文化意蕴，采用了具有代表性的文物以及各大古都中著名的景点为影像元素，在设计上并不是大面积地使用影像元素，而是将其转化为画面中的点元素，有序地安排在环衬上，使环衬的版面形成视觉的张力，读者经过了封面后，精美的环衬再次引起视觉的兴奋，引导读者迫切的阅读心理。在专业性比较强的画册设计中，环衬通过大面积使用影像元素成为封面设计的延伸。摄影类画册中封面多选用代表作，为了延续封面的设计风格，设计者继续把作者的代表作品作为环衬的设计元素，通过层层深入，为内容营造气氛，引起视觉的连贯性，体现了画册的艺术感。环衬设计中除了字体外，基本采用简洁和朴素的绘画图形，图 3－20 所示为《南明史》这本书的环衬。设计者在设计环衬时，有时会采用与内容有一定关系的整版色块，以及使用不同肌理的特殊纸张，突出书籍设计的与众不同。

图 3-19 《中国七大古都》的环衬

环衬的美固然重要，但是它存在于书籍整体之中，需要强调的是它与封面、扉页、正文之间的关系。设计环衬时，设计者在图形语言的选择上，既可以与封面所采用的设计元素相同，也可以不同。只有准确把握住书籍设计内容节奏的轻重缓急，才能很好地运用所需的图形语言，因此设计者应当在充分考虑书籍前后设计形式的基础上，推敲环衬的个性化表达。

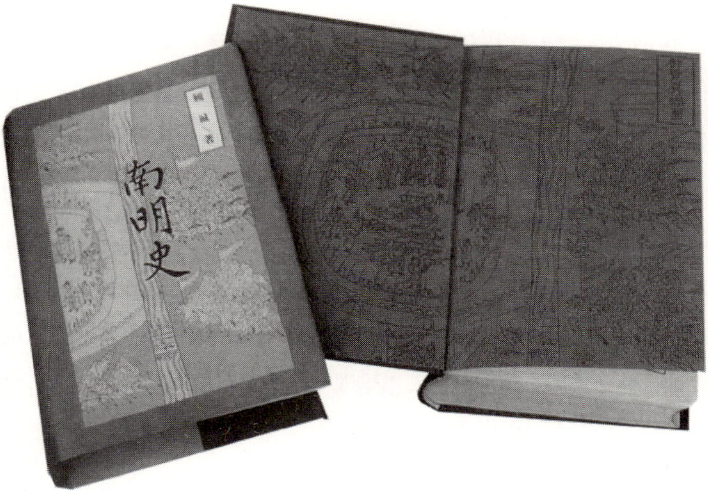

图 3-20 《南明史》的环衬

二、扉页

扉页是书籍必不可少的重要组成部分，它位于环衬之后、正文之前，也称为书名页，因此也是书籍内部设计的重点。扉页有两种含义，一种是以上提到的位于环衬之后、正文之前的那页；另一种则是广义的扉页概念，是指一系列的扉页体系，其中包括八个组成部分，分别是护页、空白页、书名页、版权页、馈赠页、空白页、目录页、目录续页或者是空白页，这种广义的扉页一般应用于精装书籍中。本书主要讨论的是扉页的第一种含义。随着书籍设计越来越追求个性化的表达，在满足书籍功能性的前提下，各个部分之间的界限也渐渐模糊，并没有太多固定的设计模式，书籍的形式也更加多样化和个性化，可以说这也是书籍装帧发展中的进步。扉页上面所承载的文字内容与封面相似，是对封面的“补充说明”，但扉页内容需要比封面的文字内容详细些。因此，扉页设计上应当以文字说明为主，图形的运用起着装饰点缀的作用。从书籍整体设计的角度考虑，设计者需要注意扉页所处的位置，位置决定了扉页的设计风格，不宜复杂，在承上启下的位置上给读者的应该是一种舒缓的视觉过度，与封面强烈的视觉效应形成对比，使书籍的整体更富有节奏感，可以说扉页是书籍封面的“缩写”。基于以上的因素，扉页应采用简洁的设计。《国泰书画集》的扉页设计运用了绘画元素的表现形式，扉页的书名字体采用与封面同一字体，再配以画册内一幅代表作品中的一部分作为设计元素，对绘画元素进行版式上的处理，与书名成水平倾斜状，使整幅画面充满了张力。扉页中的图形语言主要起着丰富画面的作用，使扉页既富有形式美感，又与整体设计相互辉映。设计者也可将字体元素用于扉页设计上，字体的艺术性、表现力成为设计的重点。图 3－21 是笔者设计的《学生摄影作品集》的扉页部分，采用了字体元素，用“文字”的特质形成了一种图形化的视觉语言，清新活泼，产生独特的视觉印象。

图 3-21 笔者设计的《学生摄影作品集》的扉页

图 3-22 《ECHOES OF OLD CHINA》的扉页

影像元素可在特定的书籍中采用，例如一些需要用影像来说明内容的书籍，影像元素在扉页中则体现地更为直观。《ECHOES OF OLD CHINA》（图 3-22）这本书主要介绍香港现代大都市中的中国传统商店，影像元素是表现主题的要素之一，整个扉页的版面运用了影像元素，但并不是将影像元素整幅铺满版面，而是凭借视觉上的对比准则，留出一定的空白形成这本书扉页设计的独特个性，空白处采用与影像元素相同的色调来统一画面，设计者把书籍的信息安排在空白处。当读者经过封面这扇“大门”，然后走过环衬这条“走廊”后，读者看到的扉页则是进入主体内容的“第二道门”，它是对封面信息的又一次再现，两道大门交相辉映。扉页的背面即扉背，是容易被忽略的环节，扉页的背面既可以空白，也可以用作版权页或者是刊登编书委员会的内容信息，版权页的设计在接下来一节将谈到。

三、版权页

广义的扉页概念中，版权页是属于扉页的设计范畴。今天的书籍设计形式的多样性促使版权页改变了以往的表现形式，成为书籍设计的一个部分。以前的版权页是出版社“版权所有，不准翻印”的专利标记，现在它的内容更趋完备，包括了书籍详细的数据，如图书在版编目（CIP）数据、著录数据、检索数据、版本记录、印刷发行记录以及开本、印张、印数、版次、书号、定价等内容。版权页由于记录的文字数据内容比较多，往往容易被淡忘，有的甚至毫无设计可言，仅仅是文字排版，影响了书籍整体的美感，书籍的版权页需要认真对待。版权页可以与扉页合二为一，也可以放在扉页的背面、正文的前面或者是后记的后面，位置的摆放不会影响到版权页的设计。版权页的设计无须十分复杂，所起的作用是对前后页面设计风格的承上启下。多数书籍把版权页放在书籍设计内容的前半部分即扉页的背面，更加突出了版权页设计的重要性，它连接着扉页与正文，起着过渡的作用。版权页的设计要依据书籍的整体风格而定，由于它位置的特殊性，设计者多采用简洁的风格，无须过多的修饰，使视觉的流动更具有节奏感，就像音乐的节奏一样，时而舒缓，时而强烈。如果在正文前一直保持高强度的视觉呈现，往往会产生视觉疲劳，设计者应考虑到这个问题，它会影响读者对正文的阅读感受。封面、环衬、扉页已带给作者强烈的视觉印象，进入正文前的版权页就起到了很好的缓冲作用。《国泰书画集》（图 3－23）这本画册的版权页与扉页合二为一。在版权页的设计上，笔者从画册中挑选一幅作品，采用与画册风格相统一的绘画元素，简洁大方，增强了画册整体视觉

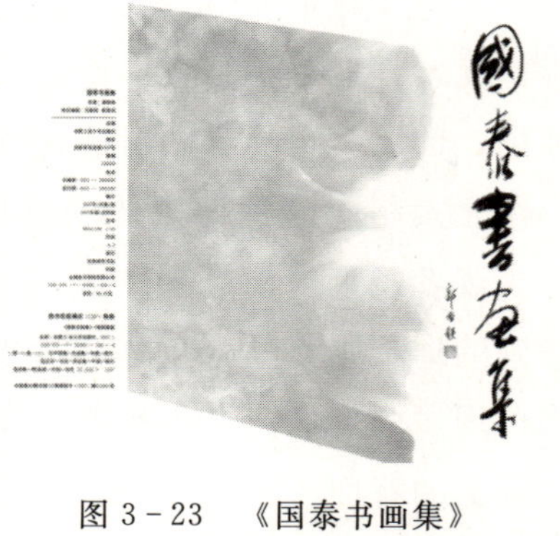

图 3－23 《国泰书画集》的版权页

的连贯性，也为即将呈现的精美的画册内容做好了铺垫。

版权页之后是序言页或是目录页，这些都属于书籍的正文部分，下面一节我们将主要讨论书籍正文的版面设计。

四、版面

书籍的正文又被称为内文，是指书籍的内容，其顺序可分为序言、前言、目录、正文以及附录和后记等。这些将作为一个整体进行研究，重点是内文的版式设计。首先我们需要区分版面与版式，版面和版式是两个既有联系又有区别的概念。书籍的版面设计是对文字、图形等内容进行排列，组织安排在一定的版面上，既包括版心即书籍翻开后成对的两页的双页上被印刷上去的部分，还包括版心的四周留有的一定空白处。版心上面的空白位置称为白边，页面上下是上下白边，靠近书口的是外白边，靠近装订口的空白是内白边，依次称为天头、地脚、书口、订口。在版式的设计中，设计者需要考虑到字号、字体、版心大小、排列方法等设计因素，版式的设计贯穿着整个书籍设计，体现在每一页的版面上，可以说版式和版面的关系是一个整体和局部的关系。

对于正文而言，书籍内容不同，版面设计形式也不同。文艺类书籍的体裁十分广泛，包括小说、诗歌、散文等，版面大多采用少量图形烘托书籍的内涵，活跃气氛。对于政治、经济、社会、科技类书籍而言，版面设计中的图形只是起到辅助说明的作用，是为了帮助读者更直观地理解书籍内容，代替文字难以表达的部分，需要避免图形样式过于夸张或花哨，与内容不符。对于少儿类书籍而言，版式设计力求图文并茂、色彩鲜明，充满童趣，图形的选择和安排能够调动儿童的阅读兴趣，字体要大且醒目，便于儿童识别。画册的版面设计则更多需要注重变化，追求图形语言的个性表达，加强视觉冲击力，字体起到的是辅助说明的作用。一般通俗读物的版式设计可以随意一些，毕竟书籍的内容是为了让读者轻松，图形语言的运用更多是为了增强读者阅读的心理感受。

无论何种版面的设计，设计者都需要考虑到书籍整体意义上的形式美感，版面该如何安排才能更恰当，必须从设计心理学角度遵循或符合均衡与统一等规律。均衡即妥善地安排各种成分，包括大小、颜色、形状和密度等因素。一般来说，图形越大，造成的视觉印象越深；对于同样大小的图形，影像元素所造成的视觉冲击力比其他元素强烈。所谓统一，就是协调的意思。无论设计形式如何变化，设计者最终必须统一画面的整体。单页的版式中，除正文外，要避免使用两种或两种以上的不同字体，那样就会破坏画面的统一性。版式设计的统一性体现在功能性与艺术性的统一、形式与内容的统一，如果只注重内容而忽略形式，则会使版式的表现流于形式，缺乏趣味。

五、插图

中国是插图艺术的发源地，我国插图的发展有近一千二百年的悠久历史，在历史发展中逐渐形成并衍化而来，最早发现的唐代咸通九年的《金刚经》的插图，代表了我国插图较高的艺术水平。书籍插图发展到明代达到了鼎盛时期，小说的发展带动了插图艺术的发展，插图与文字的结合可以更加形象地表现故事情节，便于人们了解故事情节。除了小说，在《二十四孝图》（图3－24）《本草纲目》（图3－25）《天工开物》等书籍中也有大量的插图。在“五四”新文化运动时期，美术家创作了很多优秀插图，如丁聪《阿Q正传》（图3－26）、丰子恺《鲁迅小说全图》、张光宇《水泊梁山英雄谱》、司徒乔《故乡》、叶浅予《打箭楼日记》、张乐平《三毛流浪记——人非草木》等，这些都是经久不衰、充满鲜

图3－24 《二十四孝图》插图

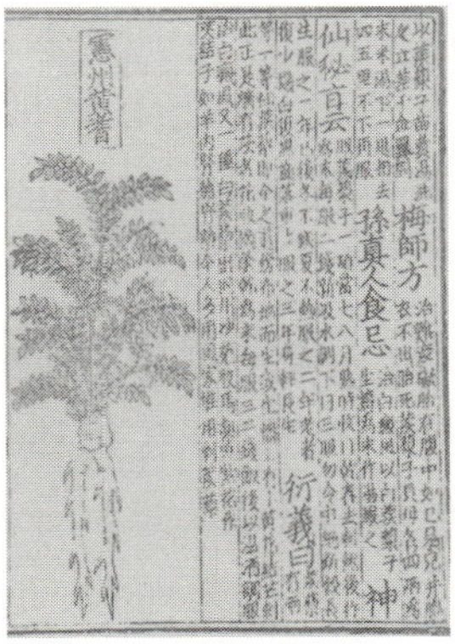

图 3－25 《本草纲目》的插图

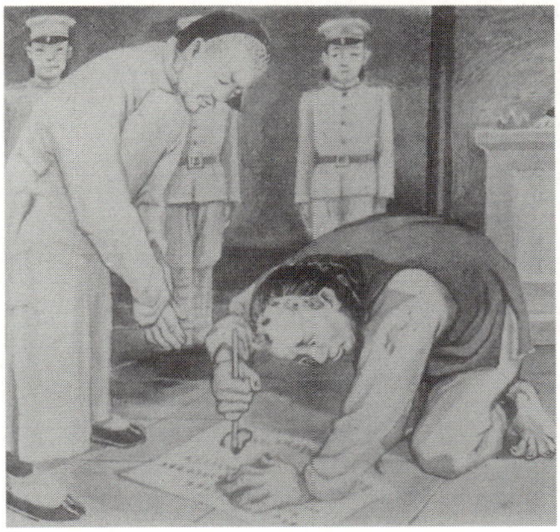

图 3－26 《阿 Q 正传》中的插图特写

明艺术个性的插图艺术作品。新中国成立后，插图艺术进入了繁荣发展的时期，涌现出了一批优秀的插图作品，如程十发《红楼梦》、黄永玉《阿诗玛》、彦涵《王贵与李香香》、古元《祝福》、邵宇《千山万水》、路坦《高玉宝》、王式廓《把一切献给党》等。插图在《现代汉语词典》中的解释为："插图是插在文字中间帮助说明内容的图画，包括科学性的和艺术性的。"插图在《辞海》中的解释是："指插附在书刊中的图画。有的印在正文中间，有的用插页方式，对正文内容起补充说明或艺术欣赏作用。"插图有的安排在正文中间，有的以插页的形式安排在需要说明的页面。在《书林清话》中有"古人以图、书并称，凡有书必有图。"清代的《避暑山庄图咏》也是以图文并茂的形式展现。现代插图的形式更加多样化，有写实风格、装饰风格、手绘风格以及多元风格的混搭等。插图在书籍中起到的作用也不一样，可分为两种功能：第一种是插图本身所具有的图解功能，尤其是在字典类书籍和科技类书籍中，帮助读者理解比较抽象的概念或者科技知识的操作过程等。插图要求遵循严谨的科学性和逻辑性，图文互照，读者通过看图可以更加深刻地理解文字内容。第二种是装饰功能，插图在增加文字内容所赋予的趣味性的同时，可以使书籍的版面更加生动，美化阅读过程中的视觉效果。设计者要注意在图解性的基础上增添插图的装饰性，将两种性质较好地结合起来，做到既能说明文字，又能美化书籍的视觉效果，而不能仅仅为了追求装饰的美而忽略了插图的说明性功能。笔者将从插图中的“插”和“图”入手，分别来解释插图。“插”视为一个动词，它依托于书籍的空间和版面的位置，同时也表现出它的属性，一定是要依托于书籍内容，而不是随意创作。“图”即插图的载体，首先是图的内容，内容紧扣主题，紧接着是图的类型。新文化运动时期，在鲁迅先生的推动和倡导下，版画形式的插图较多出现在书籍中。我们可以在鲁迅翻译的书籍中欣赏到国外艺术家的优秀插图作品。

在前面的章节中谈到的书籍装帧的先驱们，在新文化运动时期他们就开始注重书籍的插图设计。鲁迅对于书籍插图十分重视，他一直强调美术作品的民族性问题，并将我国的文化传统融入书籍装帧中。张道一在《造物艺术论》中论述民族化与现代化时，认为：“对于民族文化传统，它固然是经由历史的积淀而形成的，但不能简单地视为旧时代的陈迹。文化的传统应该是流水，而不是冰块。既然是流水，必然源远流长。”① 从十几万年前旧石器晚期的装饰品到新石器时代仰韶文化半坡型鱼纹彩陶盆，再到明代永乐、宣德时期的青花瓷，我们应该从古人创造美的设计思想中寻找“民族文化传统”的源头。虽然器形不同，但是器物上的“图”承载了中国丰富的传统装饰纹样，“图”的背后蕴含了丰富的文化思想。除了插图外，我们还要注意中国传统的图案。中国是图案大国，拥有丰富的装饰纹样。“龙”的装饰纹样象征祥瑞之意，但纹样在现实运用中比较雷同，实际上中国龙的形态丰富多变、姿态万千。龙的装饰纹样从原始社会开始被用在器物上，数千年来它的形象也在不断地丰富和发展。在查海遗址发现的龙的形象，是中国迄今为止最早的龙的图像实例。查海遗址陶器上出现的浮雕龙纹，可看出形态的有两种：一为盘卷的龙身，一为上卷的龙尾。② 再到红山文化玉猪龙、商

① 张道一．造物艺术论［M］．福州：福建美术出版社，1989.

② 郭大顺．龙出辽河源［M］．天津：百花文艺出版社，2001.

周时期的夔龙纹等，可见龙的装饰纹样丰富多样，历朝历代都有其自身的特点。当我们把装饰纹样运用到现代设计中，不能仅仅只看到外在表现的装饰形态，这是把图案问题简单化了，在图案纹样背后的内在因素更加值得思考。尤其在图案使用泛滥的当下，正是由于对图案的寓意不够重视，才导致了很多人对中国传统图案知其然而不知其所以然。很多设计作品上出现了纹饰的嫁接与拼凑，只是看似进入了“中国文化”的轨道。我们要努力在杂乱表象之下发现本质问题——很多时候中国丰厚的传统文化没有被善加利用。雷圭元在谈到图案学习上的问题时指出：“学习遗产的主要目的，是养成对遗产中的精华和糟粕具备敏锐的辨别能力，丰富自己的图案知识，提高自己的艺术水平，从而推陈出新。”[①] 图案可以给插图的创作提供更为丰富的素材，如陶器上的图案（图3-27）、青铜器上的图案（图3-28）等。中国图案学是一个庞大的体系，不是简单的纹样设计，是关于造物的形态学，蕴含了传统的造物思想。

图3-27　平行线弧条纹彩陶瓶

图3-28　莲鹤方壶

① 雷圭元．再谈谈图案学习上的几个问题［J］．装饰，1959（7）：14.

《考工记》《天工开物》《营造法式》中的设计理念只能用中国的语言去诠释，用西方语言解释中国设计那只能是形而上学的拼凑，解释不了古圣先哲的“天人合一”造物的思想。继承祖先遗留下来的瑰宝对民族传统文化的延续有着很大的意义。

历史上有多位插图艺术家，如丁聪，他为鲁迅的《呐喊》创作的《孔乙己》《药》《故乡》《阿Q正传》等插图（图3-29～图3-38），同时也创作了鲁迅《彷徨》的插图。

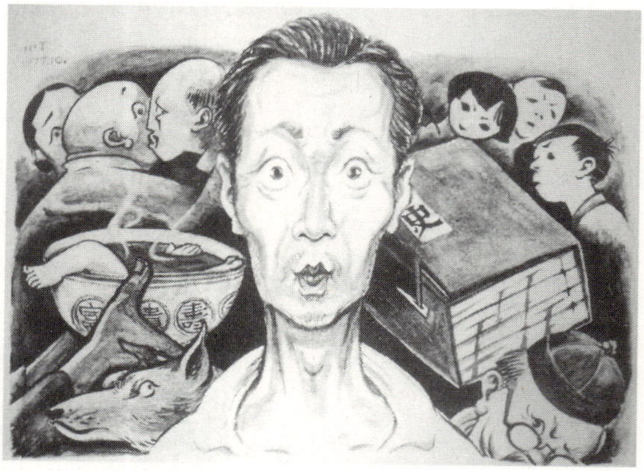

图3-29 《狂人日记》插图

图3-30 《孔乙己》插图

图 3-31 《药》插图

图 3-32 《明天》插图

图 3－33　《一件小事》插图

图 3－34　《头发的故事》插图

图 3－35 《风波》插图

图 3－36 《故乡》插图

图 3 - 37　《阿 Q 正传》插图

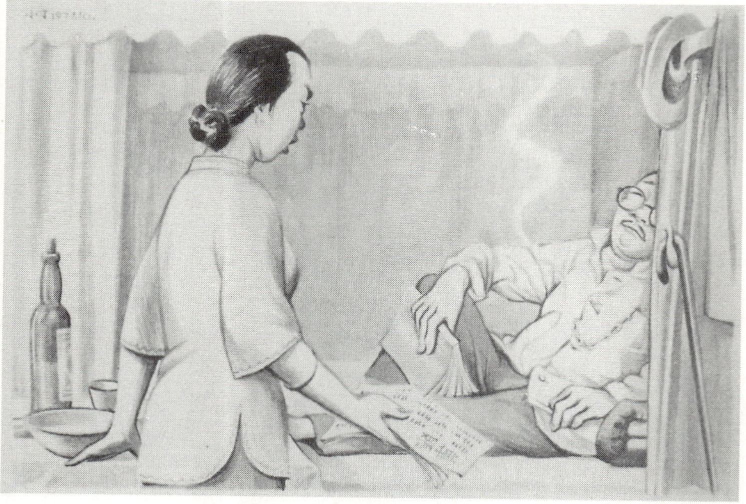

图 3 - 38　《端午节》插图

1986 年，国家标准局正式发布的《中华人民共和国国家标准——中国标准书号》中的分类号，规定将图书按“中图法”分类。“中图法”

分类表的大纲，将图书分为22大类。不同类型的书籍选择不同的插图，儿童类书籍大多选用色彩鲜艳、生动活泼的插图。因为儿童的识字量决定了他们大多数依靠插图帮助他们理解书籍内容和不熟悉的字词，所以插图要在依据书籍内容的基础上体现出趣味性、生动性和识别性。文学类书籍具有浓厚的文化气息，插图带有明显的感情色彩和精神寄托，能够引领读者发挥想象。美术评论家王朝闻评论现代插图的特征时，这样论道："插图必须具备一般绘画艺术的条件，不依靠文字也能靠它的形象本身表现一定的主题；同时必须服从文学原作，成为文学作品的辅助者；既要获得文学原作的具体描写所不能代替的造型的鲜明性，又必须使它和原作的内容紧密结合。前者就是插图的相对独立性，后者就是插图应有的从属性。两者的关系是相互依存的，而不是对立的。"① 当插图是书籍中的插图时，它的从属性就更为突出了。

1. 儿童类书籍的插图

儿童类书籍的插图要根据儿童理解力和想象力特点，让生动有趣跃然纸上。那些憨态可掬的造型和明快艳丽的色彩把孩子们带入童话的世界。儿童类书籍中的插图既要作相应的夸张变形，同时也要表现出设计者真挚的艺术情感。根据不同的年龄阶段，插图在书籍中的比重也有所变化。对于婴幼儿而言，他们不识字也不会拼音，家长都会选择绘本类书籍跟孩子一起阅读，婴幼儿在父母的阅读和自己的"读图"过程中，了解绘本中的故事。因此，绘本中的插图一般都是整幅作品占据图书的版面，文字只是在插图旁的几行字，简单的故事情节和丰满的插图是绘本的特点。也有学者提出桥梁书，桥梁书在国外普遍称为"Easy Reader"或"Beginning Readers"，桥梁书是介于绘本类书籍和稍微借助拼音就可以阅读的书籍这两者之间的书籍，搭建一个"桥梁"去帮助还在努力学习拼音并且理解能力还比较弱的幼儿园大班以及小学一年级的儿童，他们在通过拼音阅读不太熟悉的文字时，插图可以帮助他们更

① 王朝闻．适应与征服［M］．南昌：江西人民出版社，1983.

快地理解书籍内容。进入小学高年级，儿童的识字量逐渐增加，他们可以不借助拼音直接阅读文字，同时他们的理解能力也在增长，可以阅读一些稍微复杂的故事书。故事书中的插图并不一定是逐一展现书籍内容，而是起辅助兼美化的作用。插图对于儿童而言还是比较重要的，他们的认知较大一部分可能都源于插图。在设计儿童书籍插图的过程中，设计者要避免下面情况的出现：首先是图文不相符的情况，比如文字内容是“小女孩穿着红裙子”，而所配的图是黄色的裙子；再如文字内容是“两颗宝石”，所配的图是一颗宝石。其次，出现图文不合逻辑的情况，如一段故事情节，小女孩跟着妈妈外出发生的一些事情，每一个场景都配有插图，而插图中的小女孩穿着不一样颜色的衣服出现，这些都不利于儿童理解书中的相关内容。儿童书籍的插图在帮助儿童理解故事中人物、场景和情节时，设计者要用恰当的绘画形式尽量把内容表现出来，才可以帮助小读者们理解书籍的内容，激发他们阅读的兴趣，使他们在美妙的插图中读懂故事，如图 3－39～3－42 所示。

图 3－39　《汤姆上幼儿园》的插图（一）

图 3 - 40　《汤姆上幼儿园》的插图（二）

图 3 - 41　《小熊维尼和他的朋友们》的插图（一）

2. 文学类书籍的插图

文学类书籍的插图更加依赖设计者对原作的独特理解，是基于原作图形化的表现，也可以说是二次创作，只有基于原作才能创作出符合文学精神又具有艺术表现力的插图作品。设计者要注意不违背作家的创作初衷。文学类书籍的插图不像科技类书籍的插图那样是为了图解分析，而是用美术手段将文学作品中的主题、意境转化为视觉艺术。文学类书籍的插图强化着文学作品的内容，使读者在阅读时更加深刻感受作品的主题。设计者在创作中需寻求一些突破，既不被文学作品束缚，也不能游离于作品之外，而是基于文学作品之上，建立自己的艺术创作思路，如图 3－43～3－46 所示。

图 3－42　《小熊维尼和他的朋友们》的插图（二）

图 3-43 《新不了情》的插图

图 3-44 《流言》的插图

图 3-45 《小城三月》的插图

图 3-46 《绿天》的插图

3. 科技类书籍的插图

科技类书籍的插图主要是为了帮助读者更为直观地理解内容，例如分解图、结构图、技术操作步骤图等，这类形式的插图更加直观、严谨。科技插图有自身的特性：一是传递科学内容；二是美化书籍版面。科技类书籍的插图多运用摄影、绘画（写实类、图解类等）或立体（图3-47、图3-48）的形式，如实展现内容的准确性和科学性。在安排插图时，设计者必须遵循插图紧随文字的原则，先文字后插图，不能跨章或者随意排版，避免造成读者对内容的误读。

图3-47　立体的插图

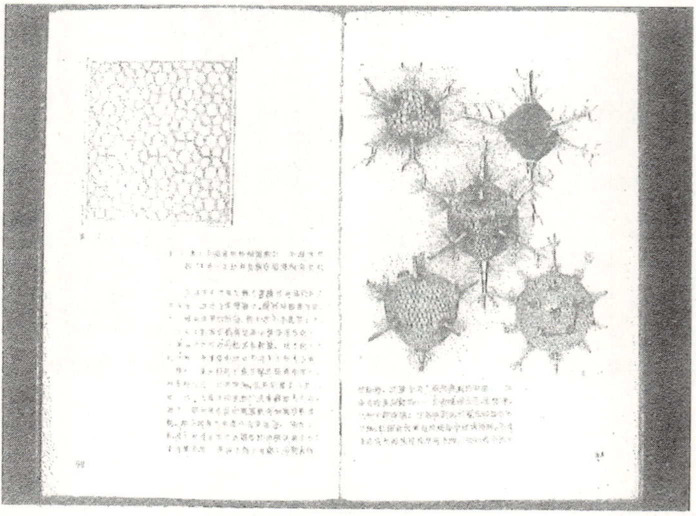

图3-48　《基本粒子发现简史》的插图

六、版式中的图形与文字

书籍的内文是读者视觉接触时间最长的部分。内文设计对象虽然是书籍的文字部分，但是文字的整体版面也是形状，设计者需要把段落安排在每一页的版面中，安排得有秩序且配以适量的图形。图形与文字构成的形状在版面中如何安排，才能使读者在长时间阅读时不至于感到视觉疲劳，这些都是设计者需要关注的问题。随着电脑技术的普及，书籍设计者有了更多的表现形式和制作手段，印刷技术的进步也影响和推动了版面设计的发展。设计者首先要考虑到书籍的阅读功能，文字的安排在版式设计中尤为重要。文字编排的基本形式有左右对齐、左对齐、右对齐、中间对齐、图形化对齐以及自由排列，因此图形也会根据文字的版面有不同的表现形式。

1. 直接运用图形

版式设计中直接运用图形，设计者根据文字的版面位置将所需要的图形直接放置在版式中，图文并茂，这也是书籍插图常用的排版方式，主要是为了说明和表现视觉材料。广义的插图包括插画、图表、摄影等在内的表现形式，本书的讨论是建立在广义插图概念的基础之上。随着技术的发展，插图的设计元素发生了很大的变化。同样还是一幅图形，但它是经过裁剪、拼贴、重构形成的新的图形样式。图形位置的安排也不仅仅是居中、文字围绕着图形等这些传统排版模式。现代书籍的版式打破了版心的束缚，图形的摆放更加自由、随意，更加体现出版式的个性化设计。设计者可以将图形充满整幅版面（图 3－49），显得更有张力，且图形与文字的大小、疏密形成对比，拉近了读者与书籍之间的距离。当然，版面设计并不一定将文字牢牢地捆在固定的位置，也不一定要采用单一的设计形式。对于艺术性较强的书籍内页，设计者可以采用字体元素直接参与设计（图 3－50），使整个版面富有现代感，同时也能突出书籍的内容，这是国外书籍版面设计中经常采用的设计形式。《合肥工业大学第三届师生摄影作品集》（图 3－51）是笔者参与设计的一本艺术画册，这本作品集在版式设计上采用了图形的自由排列，有的图形采用出血位的方式。整本书的版式富有现代感，图形与文字的大小、疏密形成对比，大大增加了版面的趣味性，也烘托了主体的视觉效果。设计者还可以将图形根据构成原理进行组合，例如打散、切割、重叠等处理方法，使版面形成意想不到的视觉效果。

图 3－49　页面版式（一）

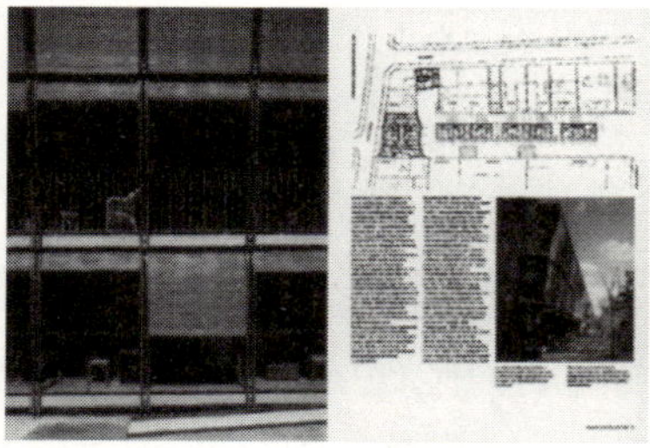

图 3－50　页面版式（二）

图 3－51　笔者设计的《合肥工业大学第三届师生摄影作品集》的内页版式

2. 间接使用图形

根据版面的内容和版式的需要，设计者可选取图形的其中一部分参与排版，其他部分作退底处理。这样的处理方法使图形的主体形象更突出，也避免受到原图背景的干扰，与文字的组合形式可以更为多样。图 3－52 所示是 1879 年出版的儿童读物中的一页，设计者运用绘画元素对原图的背景进行处理，留下了主体形象。电脑、数码相机等技术手段的广泛应用和普及使图形的编排触手可及。现代书籍版式中也经常采用影像元素的图形（图 3－53、图 3－54），影像元素通过电脑的后期制作去掉了原来的背景，可以被井然有序地排列在版面中，与文字的形状相互穿插，共同构成了整幅版面的内容。影像元素的运用打破了二维空间的限制，显现出三维空间的视觉效果。数码摄影作为当代艺术的新媒介，使艺术表现更贴近生活、贴近大众。书籍版式设计通过影像的参与，体现出三维形态在书籍中的表现，大大增强了图形语言形式感。影像元素的真实感可以引发读者丰富的联想，拉近书籍与读者的距离。

图 3－52　1879 年格林纳威设计的儿童读物中的版式

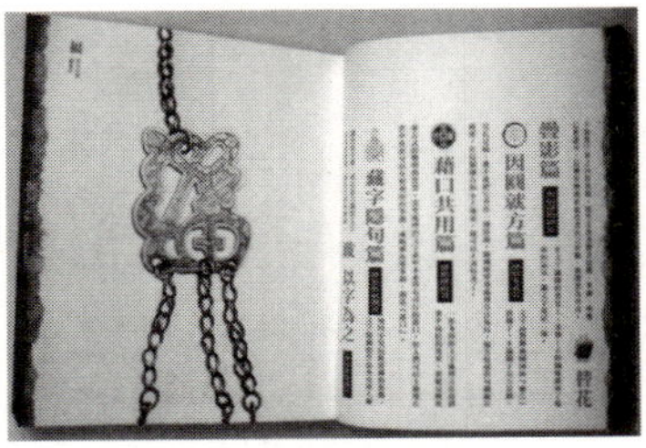

图 3－53　《意匠文字》版式

图 3－54　《汉声杂志》版式

3. 图形与形状的构成

在版式设计中，设计者也可以通过一定的形状来限定图形的外部轮廓，经过创造性的融合，使版面充满新意，吸引读者的视觉，从而提高读者的阅读兴趣。这样的组合方式避免了图形框的呈现方式，使版式更为新颖、富有动感。这也是时下比较流行的排版形式。如图 3－55 所示，版面设计是将图形的形状与文字的版面相结合，丰富了版面的样式。书籍文字所形成的面与图形的面互为正负形，使整个版面充满了张力。用一定的形状限定图形能够突破单一的版面设计形式。如图 3－56 所示，设计者利用点、线、面的构成方式将文字与一定的形状组合，排列有序的文字块面组成了整幅版面形式，使画面更富有动感。虽然文字组成的形状各有不同，但在版面的安排上始终围绕着点、线、面的构成形式展开。这里讨论到的点、线、面的构成并不涉及点、线、面的相对性，而是根据点、线、面的不同形状、不同方向、不同位置以及不同面积表现出的丰富多样的图形样式。设计者将图形的设计元素融入版面的构成中，使图形语言借助点、线、面的情感表达，充分发挥各设计元素的特质。

图 3－55　版式中图形与文字（一）

图 3－56　版式中图形与文字（二）

七、图形与现代版式设计

根据设计心理学对视知觉分析，我们从外界接收的信息中，80%到90%是通过视觉获得的。图形在版面中的不同位置会产生不同的视觉效果，那么如何安排图形才能达到理想的视觉效果呢？图形的多少、所占的面积以及图形在版面中的位置都会影响到版式设计，我们需要对各因素加以分析，本节主要讨论的是概念上的图形位置、面积、方向。所谓概念上的图形位置、面积、方向，既包括单一的图形，也包括一定数量的图形或者是各图形的组合。因此，我们可以把影响版面中图形语言的主要因素分为三种，即图形在版面中的位置、图形所占版面的面积、图形在版面中的方向。

首先，图形在版面中的位置直接影响到版面的形式和布局。我们从视觉形式的角度考虑图形的位置对视觉的影响，用“井”字划分画面，即一幅横条或竖条的画面里，画面被分割为九个区，在“井”字划分的画面中有四个交叉点，这四个交叉点位置最容易使人的视线先注意到，而远离交点的位置则是视觉效果较弱的区域。由此，我们可以准确地了解图形的位置对视觉产生的影响，以取得最佳构图效果。设计者可以将图形置于版面的中心，使读者的视觉中心集中强化；将图形置于版面的下方则会产生稳固的视觉效应。我们可以看出图形位置的不同，产生的视觉效应也不同。总之，版面设计中图形的安排应根据书籍的内容和设计风格而定，以期产生不同的视觉效果。

其次，图形所占版面的面积也直接影响版面的视觉效果。根据平面构成原理，点、线、面在平面表现中产生的视觉印象是不同的。把图形所在的面积和点、线、面的表现形式联系起来，我们就能很清晰地比较出图形所占版面的面积以及所产生的视觉效果。点具有表明位置的特点，视觉效果强劲而有力量，当诸多点产生联系后形成线，线的方向性可以产生各种不同的感觉。如果点的面积比较大，我们就可以看作是一个面或者是很粗的线形成的面，面具有量感，表现手法很多样。这是点、线、面的相对性，我们从中可以看出图形所占面积对版面的影响。当然这里讨论的点、线、面是根据图形在版面中存在面积的范围而概括总结的，并不细化到点、线、面的不同形状。

最后，图形在版面中的方向所产生的影响。图形的方向即形成视觉的流程，根据读者视觉的习惯，视线从近到远、从大到小，如两个点状的图形之间的视觉流动，从大点到小点具有方向性，也使版面的图形富有层次。此外，点的大小可以表现成线，具有强烈的方向感；面也可以通过形状分割平面空间，给人留下深刻、强烈的印象。它们的变化形成视觉的动势，突破版面的单一，增强阅读的趣味感。

第三节 书籍的整体设计

一、读者群体的分类

书籍设计以读者为出发点，一切为读者服务，最终目的是为了满足不同人群对书籍的多样化需求。设计者要了解不同读者群体的心理，对不同类型的书籍量体裁衣。读者群体可以分为以下几类：

（1）按民族分类：不同的国家、民族之间存在着差异，而同一个国家民族内部也会因地域、文化的不同而产生文化的差异。我国有 56 个民族，不同的民族有着不同的文化背景和宗教信仰，有着不同的风俗和习惯。例如同一种符号在不同的文化地域中可能会有不同的含义，多样的民族文化形成了多样的审美观念，从而导致人们对书籍设计也有着不同的需求。

（2）按地域分类：居住在世界各地的不同国家、不同肤色的人群会有不同的审美标准。我国地域辽阔，人们生活在不同地方，就会存在文化差异。例如南北文化的差异。

（3）按受教育程度分类：由于受教育程度的不同，每个人的审美取向就会不同，对书籍的要求也会不同。

（4）按年龄分类：每个年龄段对书籍的要求是不一样的。随着时间的推移，人们对事物的认识以及心理的变化都会导致自身对书籍的审美要求的改变。

二、群体心理与书籍整体设计

社会心理的主要表现形式是群体心理，群体是按血缘、地域、性别、年龄、职业、地位、受教育的程度等不同标准来区分人群。群体心理按个人需求、动机、情感、态度、观念等共同性和一致性在群体中得到体现。不同的群体有着不同的心理特征，如按年龄群来细分图书市场，不同年龄群体对书的需求是不一样的。从年龄角度来看，可以把读者群细分为儿童、青少年、中青年、中老年。

儿童读物的书籍设计要适应少儿丰富多样的心理和生理的发展需求。儿童天真无邪、活泼好动，对未了解的事物都特别感兴趣，尤其对高明度的颜色以及各式各样的卡通形象，更是兴致满满。在儿童读物的设计中，设计者可以采用鲜艳的色彩、活泼的卡通造型以及图案与文字进行趣味搭配；设计者还要注重书籍形态的设计，采用较大开本，突出卡通的形象且充分展现版面；设计者采用三维的立体设计，使儿童能更直观地感觉到物体的存在，凭借手的触摸促进思考能力的发展。儿童图书设计者起着指挥棒的作用，使孩子成为书籍阅读过程中的主导，让孩子和家长在互动过程中享受读书的乐趣。

青少年读物的设计更倾向于多样性。青少年读者变化发展最快、接受能力最强，对知识的渴望促使他们对各类书籍都有着浓厚的兴趣。书籍设计者对青少年读物的把握在于通过艺术手法既充分表现出书籍的知识性，又体现出书籍的启发性和教育性。设计者在书籍的形态以及制作工艺上需要考虑携带方便等问题，不能过多地强调包装的精美，这样不仅会对青少年的心理造成负面影响，也会造成书籍成本的提高，带来一些不必要的浪费。

对于中青年读者来说，受教育程度直接影响着他们对书籍设计的审美倾向。由于对学业的追求，中青年读者更需要扩大知识面来提高自己的整体素养。这个年龄段的读者对书籍设计的要求除了实用外，更看重装帧的品位。设计者需要更加突出书籍的艺术性，可以考虑在装帧材料上强调触觉的质感。

老年读者讲求读书带来的乐趣，注重书籍内容的文化含量，要求书籍装帧风格稳重大方。设计者需要突出书籍的人性化，如字体的大小、装帧材料的轻巧等。图书市场上有方便老年人阅读的大字号书籍，也有适合老年人使用的电子书。我们在后续内容中将谈到电子书刊的设计。

生活水平的提高相应地带动着精神文化的发展，大众对书籍的需求已从以往单一的形式发展为多元化的艺术形式。新时期的书籍艺术在审美心理、实用美观等方面的多层次要求改变着书籍艺术的表现方式，群体心理与书籍设计有着相辅相成的联系。

三、图形语言与书籍整体设计

我们翻阅书籍的时候，会被它精美的设计深深吸引，不难发现设计精美的书籍都有一个共同的特点，那就是整体美。所谓整体美就是从外到内连贯的美，贯穿在书籍各个组成部分之中，这些组成部分既相互独立又相互呼应。整体的美不在部分，而是融合在书籍整体设计形式中所展现的统一的美。

1. 韵律与节奏

书籍艺术好似一首乐曲，把设计的内容看作乐曲的音符，乐章奏起，音符跳跃，乐曲从序曲部分开始到乐曲的尾声，节奏富有变化，时而激越，时而静谧，变化中体现了统一，我们在优美乐曲声中感受音乐带给我们的情感共鸣。在书籍的整体设计中，我们需要考虑整体的节奏与韵律，就像音乐的节奏一样，需要注意各个组成部分的轻重缓急。这一连续的阅读过程，犹如在游览中国古典园林，翻开书籍封面犹如进入园林的“园门”，我们随着园林里的道路逐步深入，欣赏沿途的景致。书籍的整体设计中的各个环节除了自身的设计特点外，设计者更需要注意与书籍整体形式的配合与穿插，宛如古典园林中的移步换景，引人入胜，这也是充分考虑到人的视觉因素，倘若不同的景致集中在一起，不仅使游人容易产生视觉疲劳，也很难体现出各自的特点。书是书籍艺术的载体，它的性质决定了书籍的设计需要多层次的表现形式，由表及里，层层深入。根据不同类型、不同体裁风格的书籍内容，设计者要对内容进行整体性考虑，使书籍设计充满节奏感，产生不同的韵律变化。各个组成部分的设计形式都需要注意在书籍整体设计中的轻、重、缓、急的关系。封面、扉页、环衬以及后面的每一页都应该是美的，是在书籍整体形式中体现的和谐美。

书籍艺术是一种综合各个设计元素包装而成的整体的艺术形式，所以形式美法则在书籍设计中尤为重要。图形语言作为一种重要的视觉元素，它与书籍各个组成部分的搭配以及前后视觉效果的强弱直接影响到书籍整体风格以及视觉上的节奏和韵律，这种有序的变化带来的美感更能激发读者的兴趣。图形语言在书籍设计中的协调与统一很关键，在设计元素的选择上并不一定采用同一元素，也可以采用不同的元素进行设计，元素与元素之间的穿插与协调也很重要，设计者要把握好元素的特性，从而有的放矢地运用所选择的设计元素。

2. 内容与形式

书籍艺术的内容和形式是相辅相成、不可分割的。书籍的内容依存于书籍设计的形式，依靠设计形式展现在读者面前；书籍设计的形式受到内容的制约，书籍的整体设计需要体现书籍的内在精神，达到艺术性与功能性的统一。书籍的整体观念同样需要处理好书籍内容与形式的关系。优秀的书籍设计作品是建立在内容和形式完美统一的基础上，内容和形式的关系有主从之分，内容决定了形式，不同的内容就有着不同的表现形式。例如书籍的封面设计，有些内容适合用影像元素表现它的意境；有些内容则适合用绘画元素来表现画面效果；有些内容则适合采用字体元素来强调书籍的艺术特征等。当然，形式不是内容的被动呈现，书籍设计的形式也具有相对性。不同时期的书籍会带有不同的风格，这种风格就是相对独立的形式。新中国成立初期的书籍设计形式与改革开放后的截然不同，我们可以从不同时期图形语言的运用中看出设计形式的变化。建国初期的设计形式比较单一，基本采用简单化、公式化的图形语言，运用的元素多是一些象征符号。改革开放后，书籍艺术得到了更快的发展，这个时期的书籍打破原有的设计，注重设计的形式美以及强烈的视觉效果。在书籍艺术中，内容与形式是互相交融的。正是这种内容和形式的有机统一，使图形语言对书籍发展起着极为重要的作用，这也是探讨图形语言的意义所在。

3. 传统与现代

书籍设计中影像元素的运用体现了新时期书籍设计的风格，而绘画元素的运用则更多体现了书籍设计的传统和民族内涵。民族的就是世界的，每个民族必须有其自身独特的艺术风格，简单地学习传统文化、一味地模仿传统只是形而上学。传统的设计元素并不意味着与时代的脱节，而是古为今用，设计者需要不断丰富和发展本土文化。在信息快速发展的今天，新一代的年轻人愿意接受国外时尚的、现代的表现形式，但在滚滚大潮中如何找到适合我国书籍设计发展的方向是需要我们深思的问题。如何更好地继承本民族的优秀传统文化，吸取西方现代设计思想和创作方法，设计出具有我国民族特色的现代书籍，这是我国书籍艺术发展中值得重视和关注的地方。

传统与现代的表现手法都体现着书籍的个性，其中图形语言能够直观地反映出传统与现代不同的个性，例如传统的书法艺术，它是文字形态变化的一种具体体现，展现的是字体笔画、落墨之间的疏密关系以及由此产生的一种韵律感和节奏感。书法艺术运用到书籍设计中传达出民族特有的文化内涵，体现了我国传统文化的精髓，这也是现代表现手法无法比拟的。随着现代技术手段的介入，传统元素可以既具有民族的形式美，又具有新时代的美。设计者只有把握好传统与现代的关系，才能在设计中准确运用传统元素与现代元素。当然，这并不意味着传统与现代是对立的，它们可以通过相互融合体现出现代书籍多元化的艺术风格。

四、图形语言与装帧材料

书中所提到的三种主要的设计元素虽不能囊括所有的表现形式，但这也是对图形语言的大致概述。当然，图形语言不仅仅是印在书籍上的图形，也被运用到书籍的形态表现上，如开本的设计、材料的设计、函套的设计等。如图 3－57 所示，函套设计采用了有弧度的图形，使整套书的包装更有艺术感。书籍的函套设计也体现了图形语言的表现形式，现代装帧材料及制作工艺与图形语言的有机结合已成为未来书籍装帧发展的趋势。近几年随着印刷工艺的逐渐完善，考究的书籍多会在封面上压一层漂亮的 UV 油墨，这种 UV 油墨是一种特殊的透明材料，印上会产生一种奇妙的视觉效果，使封面层次感更强，书籍在触觉上更有质感。UV 油墨在印刷品上会形成各种不同的表面效果，如光滑的、磨砂的、珊瑚的、冰花的、皱纹的等形式感很强的图形纹样（图 3－58）。读者阅读书籍的时候通过手触摸到书，将视觉与触觉联系起来，感受书籍的视觉图形与装帧材料之间的和谐美。在今后的书籍设计中，设计者不仅仅注重图形语言的创意，还要注重与装帧材料以及印刷工艺相结合的创意。

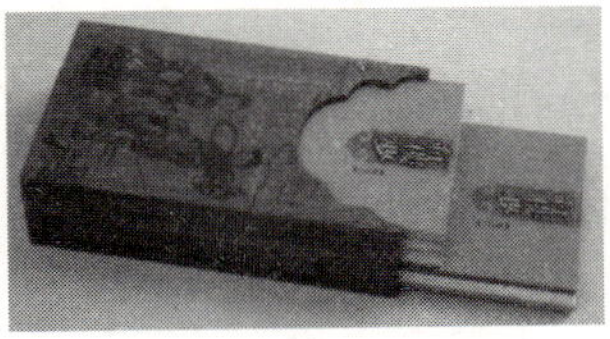

图 3－57　书籍的函套

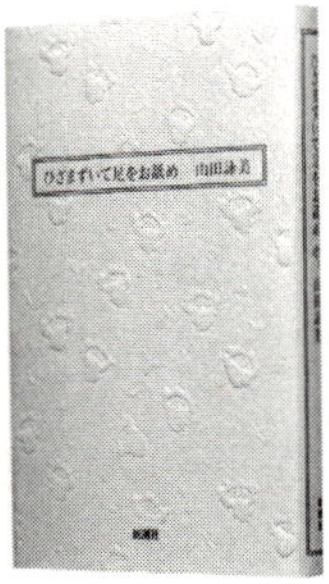

图 3－58　书籍的装帧材料

儿童类书籍表现得最为突出，除了艳丽的色彩和变化多样的插图外，现代儿童类书籍更注重书籍开本的大小、装帧材料的触感以及书籍与儿童之间的互动性。有些书籍翻开时会伴随着动听的音乐或者是讲故事的声音，这些科技含量高的书籍通过图形的巧妙穿插与声音的有效配合，能更好地调动儿童的积极性，让孩子在背景声中体验着阅读中的趣味。有的书籍甚至将内容与形式结合起来，通过手工制作把书籍打造成立体形态的造型（图 3－59、图 3－60）。这种融知识、趣味、手工制作为一体的全方位的书籍样式，让孩子在边阅读边玩的过程中，更加直观地理解书籍的内容，体验阅读的快乐。我们可以看出书籍设计已经不仅仅是视觉、触觉、嗅觉的设计，还包括听觉的设计。

图 3－59　可以边阅读边玩的儿童书籍（一）

图 3－60　可以边阅读边玩的儿童书籍（二）

传统书籍在人们的观念中是根据不同读者的需求，有着相对固定的开本大小，书籍封面的形状基本上都是四四方方的，只有这样的书籍形态才被人认为是书籍。如今书籍形态已打破原先传统的观念，概念书籍的设计则是一次大胆的尝试，不仅仅是在书籍的形态上进行创新，有的甚至已经脱离纸张（图 3－61）。概念书在不失去阅读价值的基础上运用不同的材质、不同的方式为媒介进行设计，各种不同的材质为书籍形态设计增添了与众不同的外形效果。这时的图形是表现在书籍的外形上，是一种抽象的、几何形态的图形，构成不同形状的书籍外貌。图形语言无论是表现在书籍内文上，还是在形态上，都不能脱离书籍内容。概念书籍是对传统书籍的继承，是为了寻找阅读的新体验。如图 3－62 所示，书籍在内容上没有什么特别之处，但在装饰风格上则独具匠心，是值得收藏的艺术品。书籍的最终目的是为了阅读，所以概念书籍不能失去书籍的本质，而是将创意做到形式与功能的完美统一。图 3－63 所展现的是英国著名的讽刺与影评人理查德·莫里森设计的一本名为《剪

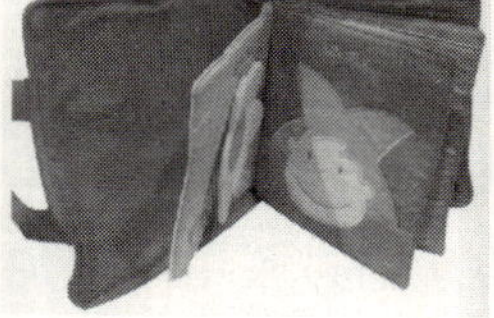

图 3－61　异化的形态（一）

图 3－62　异化的形态（二）

图 3-63　异化的形态（三）

辑之书》的册子。他把自己搜集到的一些素材设计成如下形态的书籍，是为了更好地展现他的一些街道题材的照片，这些照片可以被一页一页地翻看，也可以被轻快地翻阅，在翻阅的过程中那些文字就像是在屏幕上显示一样。为了满足不同读者的需求，探索书籍形态的不同表现形式，设计者需要合理地把握书籍艺术创作的基本规律，以促进我国书籍艺术更好更快的发展。

第四章　书籍装帧艺术的发展

进入新时期，面对着形式多样的、内容丰富的精神文化生活，设计者逐渐意识到书籍不仅可以这样设计，也可以换一种方式来设计。设计者可以学习国外优秀的设计作品，并结合我国书籍的本土文化，多角度、全方位地展现书籍这个古老而又现代的艺术形式。同时，新媒介、新技术也促进了书籍设计在制作工艺上趋向多元化。纵观国内外优秀的书籍设计作品，我们不难看出它们都蕴涵着现代的设计思想，体现着现代材料及技术，更加富有时代感和艺术感。

第一节　切口的个性化设计

书籍形态是三维立体的，我们从各个角度都可以看到书籍的不同侧面。在以往的书籍设计中，设计者只注重封面、封底、书脊这三个侧面，而书籍的切口部分往往是一片空白，是容易被忽略的环节。除书籍被装订的那边以外的三边称为切口，从书籍整体设计的角度考虑，切口逐渐被纳入书籍设计的范围，设计者也越来越重视书籍切口的设计。在被装订一侧以外的三处切口中，最能引起读者注意的应该是翻阅书籍的那一侧，也就是书脊正对一侧的切口（图 4-1），同时也是被前后勒口夹住的部分。

图 4-1　书籍的切口

切口的设计使书籍的整体感更强，进一步提高了书籍的艺术品位。切口部分的设计可以根据书籍的内容而定。《梅兰芳全传》（图 4－2）的书籍设计中，梅兰芳先生的形象不仅仅在封面上采用，而且运用在切口上，突出了《梅兰芳全传》这本传记的整体形式感。当读者翻看这本书的时候，可以很直观地看到梅兰芳的人物形象，会产生一种身临其境的感觉。设计者将书籍的情感氛围烘托到各个细节部分，更体现了该书的艺术格调。细节的设计往往更能反映出书籍艺术的独特魅力。人的视觉是流动的，在翻阅的过程中各个部分所采用的设计元素直接影响读者对书籍的整体印象，所以切口的设计更应当纳入书籍整体设计。局部的设计是书籍整体设计的必要组成部分，这就是书籍在三维空间里所展现的整体美。书籍装帧设计者应当注意图形对读者视线的引导，注意时间随着空间展开，在文字、图形和色彩中制造形式美，切口的设计更加增添书籍的整体性与艺术性。

图 4－2 《梅兰芳全传》的切口

第二节 电子书籍风格化发展

在当下的信息时代，电子书籍越来越成为时下流行的、新的阅读方式，它是通过数字媒体发行平台呈现出来，读者通过电脑阅读书籍，通过鼠标来翻阅图书的章节。在感受网络带给我们便利的同时，我们只能感受到书籍内容，所谓的形式感不包括书籍的开本大小、纸张的材质以及装帧工艺等。这里的形式感是读者通过电脑屏幕看到的书籍内容的设计形式，他们无法触及书籍的质感，体会不到纸质书籍带给我们的整体翻阅感，以及与书籍美感联系在一起的阅读情趣。电子书籍的构成要素主要分为文字语言和图形语言两部分。图形语言在视觉传达上效果直接，它也是电子书籍区别于其他书籍的重要标志。图形语言越来越成为电子书籍的重要表现形式，推动着电子书籍领域的延伸。换句话说，图形语言已成为电子书籍的“封面”，读者走进网络这个虚拟世界的时候，可以根据自己的喜好挑选不同风格的书籍。现代流行的电子杂志展现着各自不同的风格。风格化的形成反映出市场的需求，追求“新事物”是人类最基本的心理趋向之一，反映出人们审美观念的变化。电子杂志的风格化更加体现了现代图形语言的多元化。在网络时代里，电子杂志通过视觉的形式传达给读者特定的信息，通过图形语言的不同表现形式展现出不同的风格，图 4－3 所示的《开啦》就是一本电子杂志。电子书

图 4－3　《开啦》电子杂志封面

籍代表了一种新的娱乐方式和生存方式，它必将大量走进“个人的书架”，成为人们获取信息的一种主要来源。电子书籍带给人类的不仅仅是阅读方式的革新，同时也是书籍艺术发展过程中的一次飞跃。

在未来的发展过程中，电子书籍会出现越来越多的表现形式，也会融入新的设计元素，但是电子书籍并不能代替纸质书籍，读者可以在“有形”与“无形”之间体验着不同形式的阅读情趣。总之，图形范式的发展加速了书籍艺术的发展，同样也在虚拟的网络时空中建立起自身独特的图形语言，电子书籍将成为未来网络时空中极具特色的艺术形式。

第三节　民俗艺术元素在书籍装帧设计中的应用

进入 21 世纪，新兴媒体的发展也影响着书籍装帧的发展。书籍通过一种美感的形式将信息传递给读者。人们的生活离不开书籍，书籍的装帧设计也随着消费者多样化的需求而不断发生变化。越来越多的书籍设计在形式表现的基础上，探求着更深层的文化内涵。科技的发展加快了文化艺术领域的发展，快速发展的新媒体让中国文化更加贴近人们的生活。网络媒体、手机媒体大大拓展了文化艺术的展示空间。书籍装帧设计作品在关注阅读功能设计的同时，也加强了作品的情感化认同。目前有些以民俗为主题的书籍装帧设计作品缺乏特色，设计趋于雷同。民俗艺术具有浓郁的民族特色，它更容易让读者产生情感认同，设计者可以充分利用这一优势。

民俗艺术，是指民间形成的非实用的、可供人们当作文化欣赏的各种技艺。[①] 民俗艺术来源于生活，它与生活息息相关。民俗艺术创造的基础来源于需求，如剪纸作为一种民间艺术，在表现形式上它贴近生

① 石应平．中外民俗概论［M］．成都：四川大学出版社，2002.

活，在象征意义上它体现了我国传统文化中吉祥和祈福的寓意。数字化时代对民俗艺术的展现和保护，表明了数字技术对文化艺术领域的重大影响，各种艺术形式通过数字化媒介的交流和发展，已初步形成以传承和发展为主体的数字资源。书籍装帧设计的发展伴随着数字技术化的发展，逐步提升了设计中的文化内涵和文化特色，以进一步满足读者对书籍装帧作品的审美需求，因此探索如何将民俗艺术元素运用在书籍装帧设计中是很有意义的。

一、以情感化为切入点，提升书籍装帧设计的内涵

民俗艺术是民间文化的重要组成部分，我国是一个多民族大国，民俗文化丰富多彩，民间艺术也各种各样。民俗艺术主要包含了绘画艺术、戏曲艺术、建筑雕塑、刺绣染织、舞蹈艺术、服饰、玩具、剪纸等。民俗艺术是一种独特的传统艺术形式，蕴含着民族文化的精华。设计者可运用现代技术手段展现民族语言的艺术形态，本着“以人为本”的理念不断推动设计的进步，注重消费者的感受，着眼于他们的情感需求，通过情感化的书籍装帧设计满足读者的心理需求，让他们深刻感受到民族艺术的文化内涵。设计者将民族艺术元素运用在设计创作中，立足于体现民族文化精神，在触动读者的购买欲望的同时，赋予更多“情感”表达。设计者从现代设计观念的角度获取新的表现形态，为书籍装帧设计增添了新的趣味。剪纸艺术在书籍装帧设计中的运用常常采用两种表现方式，一种是直接运用剪纸艺术具有的特色表现形式，将剪纸艺术造型特点或者构图形式转化为装帧表现的内容，如剪纸的特殊表现技巧就是运用阴刻和阳刻的两种塑形手法，使画面的表现形式呈现出简洁细腻、空灵剔透的特点；第二种是运用民俗元素所表达出的精神思想，以情感表达为设计目的，表现出书籍设计的文化内涵，通过装帧的表达引起消费者的情感共鸣，增强产品的民族情感认同，由此突出主题，更好地促进信息的传播。在《山海经》这本书的设计中，设计者在纸张材质上选用大地纸这种陕北民间传统手工艺纸，封面采用民间版刻拓印方

式，内文版式上以先秦“简策”的格式，从触觉和视觉两个方面运用民俗艺术元素从整体的概念装帧书籍，作品古色古香，民俗文化意蕴浓厚。设计者通过在书籍装帧设计中诠释的民俗艺术元素，使书籍更多了一些文化气息和亲和力，拉近了读者与书籍的距离。

二、借鉴民俗文化的特性，传达元素独特的文化意境

民俗文化元素承载着民俗文化的价值和精神内涵。现代书籍装帧设计中，民俗文化的传承与发展需要建立在对其深刻理解的基础上，内涵化为构想，在设计作品中做到真实流露，形成独特的艺术风格。在书籍设计中，设计者可以运用皮影的表现形式。皮影戏是一种中国古老的戏曲形式，有着鲜明的艺术特征。皮影戏也叫“影戏”“灯影戏”“土影戏”“羊皮戏”“人头戏”等。将皮影元素运用到书籍设计中，设计者可通过运用光影随机移动的方式展现图像，营造皮影的光影形象，与皮影在光照下投影在布幕上形成的通透的视觉效果相呼应，给公众带来赏心悦目的视觉体验，使他们在接触作品的过程中产生情感共鸣。设计者从和谐美的角度将中国民俗元素的内涵赋予装帧设计作品中，让读者感受到民俗文化的独特魅力。我们可以从大量的冠以“中国设计”的作品中感受到，设计的美感不在于它的设计形式，而是要用“心”感受设计者的设计思想和传递的设计理念，由“心”感受“境”。艺术的境界主于美。所以一切美的光是来自心灵的源泉：没有心灵的映射，是无所谓美的。[①] 正如中国绘画是“境”的外在表现形式，我们可以由“心”感受到“境”的深度、高度、阔度，因此绘画也有其独特的处理构图的“三远法”，不同于西方的“透视学”。

书籍艺术赋予了民俗艺术更多新的内容，它把民俗艺术元素的传播带入了一个新的境界，使得民俗艺术元素在运用中得到更好的诠释和升华。在新媒体快速发展的今天，我们发现了民俗艺术元素更为广

---

① 宗白华．艺境［M］．北京：北京大学出版社，1999．

阔的发挥空间。好的书籍设计作品很大程度上取决于设计语言，读者通过设计语言才能了解作品所要传达的信息和所要表达的内涵。需要注意的是，单一的表现形式已经无法满足读者对书籍的情感化需求，书籍设计的发展方向必将会向融合或者重构等多元化的表现形式突破，形成优势互补、深度融合的特色。在使用民俗艺术元素的同时，设计者需要进一步深入挖掘和探究民俗艺术的内涵，通过民俗艺术元素的风格唤醒书籍装帧的多维表现空间。在科技引领文化发展的大环境下，数字报刊、社交网络、手机客户端、博客、微博等新兴媒体扩宽了信息传播的受众范围，实现了公众与书籍“新的互动”形式。这些新兴媒体让民俗艺术元素更加生动地走近公众，使读者能够看到更多民俗艺术主题元素“参与”的书籍设计作品，赋予了民俗艺术元素“新”的生命力。

第四节　剪纸艺术风格的电子书籍版面设计与实现

网络时代正在改变着信息传播的方式，出版物也依托数字技术并整合多种媒介进行传播和销售，电子书籍应运而生。电子书籍的出现扩展了书籍的概念，它除了具有阅读功能以外，还可以让读者感受多元的视觉表现形式，实现读者与书籍的“互动”，为读者提供一个“立体化”的阅读体验。我国的民间文化极为丰富多彩，呈现出多种多样的民间艺术形式，剪纸艺术作为中国民间美术的重要组成部分，有着鲜明、独特的艺术特点。如何传承剪纸艺术并将其运用到设计中，从而形成具有剪纸艺术风格的设计表现形式，本书将以电子书籍版面设计为例进行深刻分析和探讨。

一、剪纸艺术的美学特征

剪纸艺术是我国民间传统装饰艺术的一种，也是民间具有悠久历史的镂空艺术，一直沿用到今天，特别是出现在传统民俗文化活动中。剪纸艺术有着它独特的风格，主要体现在以下三个方面。

1. 剪纸的造型分析

剪纸艺术以其鲜明的形态突出主题内容。剪纸的表现方法一般分为单色和彩色两种。单色剪纸又分为两种：阳刻剪纸与阴刻剪纸。阳刻剪纸的特征是保留原稿的轮廓线，剪去轮廓线以外的空白部分。阴刻剪纸的特点与阳刻剪纸恰恰相反，就是刻去原稿的图案线，保留图案线以外的部分①。剪纸艺术的表现特征是具有象征意义，它是劳动人民对日常生活的高度总结，提炼成形象化的造型形式，具有很强的主观性和随意性，将各类造型通过点、线、块、纹样、图式等不同造型语言把感知世界与想象世界融为一体，表达内心真实的感受。剪纸的造型有几种形式特征：第一种是自由表意，根据对物象形态的自由发挥，打破自然透视规律，运用不同视角重构画面，可以使平视、透视、俯视出现在同一张画面中，没有虚实远近，游走于二维空间和三维空间之间，随心表达感受体验，表现出独特、非逻辑的视觉效果。第二种是置换同构，将客观物象整体有目的地进行分解，将某部分与另外一个不相关联的事物进行置换，经过异常组合形成新的物形。置换同构打破现实事物的客观形象，用夸张的方式进行联想，加强了视觉主体形象，虽然不同于自然形态，但形式美感和虚幻形态给作品增添了艺术感染力。第三种是质朴简约，就像儿童画一样，带有很强的想象成分，现实和理想的结合，逾越了透视、解剖、构图等一般常规，在造型上常常不按物体的实际比例进行表现，能够用朴实简洁的形式表现出物象的形象特征，给人纯真、稚趣的独特美。

2. 剪纸的构图分析

形式是内容的载体，构图对于剪纸作品较为重要，通过构图的形式美感打动观者。剪纸的构图饱满，通常采用的构图形式很多，其中的对

① 程庸，若隐．中国元素［M］．上海：东方出版中心，2009.

称、重复和均衡是几种主要的构图形式，体现了形式美法则。对称的构图形式，通过对画面中对称元素进行方向、角度的变化，既保持了画面的统一又富有变化，呈现出一种庄重、大方的形式美感。重复是对相同或者相似元素重复的表现，通过有条理的组织将事物的大小、体量重复排列，巧妙地用物象之间的形体结构关系构成完整的构图结构，画面极富韵律感。均衡是一种比例关系并非对称，均衡的变化形式要比对称的变化形式多，可以是事物的多角度、多层次、多方面的表现，也可以根据外框的形状空间进行形体的变化，注重画面的完整性，使画面更富有节奏感。

3. 剪纸的用色分析

剪纸的色彩表现突出了民间美术的用色特征，用色简单大方，少而精，一般分为单色表现和彩色表现，都采用高纯度的色彩。彩色表现利用高纯度色彩呈现强烈的对比效果，如红配绿、黄配紫等互补色彩的搭配，具有浓厚的民族传统装饰特色，鲜明而富有张力。剪纸艺人并不是片面追求强烈的对比，而是基于对比的基础上赋予一定的秩序，就像民间色彩搭配口诀所述“光是大红大绿不算好，黄能拖色少不了”，通过其他色彩使整幅作品统一起来，这也是我国传统民间美术常用的手法。民间剪纸的用色多带有象征寓意，单色剪纸最常见是红色。人们在节日、庆典时刻贴上具有喜庆、吉祥寓意的剪纸，体现了人们对美好生活的向往，如黄色象征权利、富贵、尊严、辉煌；绿色象征生命、希望；红色象征欢乐、团圆；等等。

剪纸是一种艺术符号，它的内涵丰富，在造型、构图、色彩等各个方面都有着独特的艺术美感，以具有象征意义的造型、完整的构图和高纯度的色彩，具有一种鲜明、生动的艺术魅力。

二、电子书籍版面设计中剪纸风格的表现

随着信息时代的快速发展，电子技术和互联网的介入改变了传统的阅读方式，电子书籍的图像呈现方式得到了进一步的拓展，电子书籍设

计也逐渐从技术型向创新型转变。电子书籍的版面设计不仅仅只是实现基本的阅读功能，而是兼具艺术性和美观性。目前电子书籍的版面设计形式大多雷同，缺乏艺术性。设计者将中国民间艺术融入电子书籍的版面设计是书籍艺术风格突破的一种重要方式。将剪纸艺术形式应用到现代电子书籍版面设计中，可以为版面艺术注入一股新的“生命力”。电子书籍的版面设计包括图形、文字、色彩和交互设计等，设计者可以从以下几个方面着手，表现具有剪纸艺术风格的电子书籍设计。

1. 图文设计

当下比较成熟的一种设计风格——水墨风格在书籍设计中有所表现。设计者根据设计主题，利用毛笔笔触的特殊表现，造就水墨渲染的意境，赋予现代电子书籍设计深厚的文化底蕴，水墨的点、线、面造型元素通过设计形式表现出来。水墨风格的运用应具有形式美感，设计者要根据不同设计内容进行整体设计创意融合。对于剪纸艺术风格的电子书籍封面，设计者要抓住剪纸造型特征，并在此基础上进行创新。图形和文字的版式设计较为重要，版面中的图形与文字的形状以及在版面中如何安排，这些都需要关注阅读功能的清晰性和易读性，才不会导致读者的视觉疲劳。设计者在选择带有剪纸风格的图形时，文字要根据图形的位置的不同采用不同的编排，如采用剪纸的构图形式作为整个版面的背景，与文字相互穿插共同组成版面的形式主体，或者将剪纸形象化的造型形式作为一定的形状来限定书籍插图内容的表现，通过创造性的融合打破呆板的构图形式，使版式新颖，充满新意。现代的剪纸艺术也在与时俱进，例如获得华夏风韵剪纸展金奖的作品《街舞》展现了当代生活风貌，为中国传统剪纸注入了新的内容，使画面内涵更为丰富。在剪纸艺术内容上的创新赋予版面更为丰富的素材内涵，以适应现代设计的表现要求。在字体的选择上需要配合剪纸风格选择具有民族艺术风格的字体，与主题形式呼应。在字体段落的编排上依据图形的形状排列，也可以将文字图形化，将文字本身的形态看作图形的表现形式。当然这些都要考虑到书籍的阅读功能，不能盲目追求形式感。同时，图形与文字的排版也可以根据剪纸艺术形象化的造型进行构成组合，使版面形成意想不到的视觉效果。

2. 色彩设计

色彩是版式设计中的重要元素，色彩的选择和搭配对体现设计风格起到一定的作用，电子书籍要呈现剪纸艺术的风格特点，在版式设计中可以选择剪纸中常见的代表性色彩——高纯度的色彩，如红色、黄色等。在色彩的搭配上也有着自身的特色，剪纸艺术在色彩搭配上常用互补色，互补色以其强烈的对比容易使人产生视觉上的疲劳，可以对其进行调和，如加入其他的颜色使版面色彩统一起来，或者通过色彩面积的变化来调和互补色彩的强烈对比，也可以选用单色表现。单色剪纸有两种基本的表现手法，一种是阳刻剪纸，一种是阴刻剪纸。现代剪纸大部分运用两者结合的方式，阳刻剪出轮廓，再用阴刻线作刻画，单色的运用可以结合剪纸这种特殊的表现技巧，打破单色的单调，与镂空的部分形成对比，产生美感。现代剪纸艺术的色彩与现代的色彩设计结合起来，可以根据书籍的读者群体需求设计剪纸色彩，可以用明快鲜艳的色彩表现儿童读物和时尚周刊等主题内容，可以用暖色或者高纯度的色彩表现诗歌或者散文类主题内容，由此我们可以根据剪纸在传统色彩上的创新运用色彩。

3. 交互设计

从用户角度来说，交互设计的目的就是了解各种有效的交互方式，并对它们进行增强和扩充，使用户以最佳的方式获取信息①。在电子书籍的版面中有一些静态的视觉元素，为了丰富版面的效果，在页面与页面的切换时或者鼠标在按钮上悬停时，可以运用动画形式表现交互过程。如读者可以对自己感兴趣的内容加以拓展阅读，通过自主选择是否点击交互按钮来打破传统的阅读方式。读者不仅仅是阅读者，也是参与者，在参与到交互体验的同时也可以不受时间和空间的限制，随时地、

① 唐芸莉．交互设计鉴赏［M］．北京：高等教育出版社，2010.

便捷地将读后感发布出来，与作者和其他读者交流心得体会。在交互设计中可以运用视觉元素如文字、图形和色彩，文字的编排和设计需要服从于主题内容，可以根据书籍的风格编排相应的文字风格，既表意又能传达情感。在交互设计中图形较为容易引起读者的注意，它可以更为生动、直观地表现主题内容。色彩是交互设计中的一个重要元素，在交互设计时通过色彩的心理搭配体现交互的功能性。在交互体验中借鉴剪纸的艺术特点，创造出具有剪纸艺术风格的动画效果，既呼应了版面设计中所呈现的统一的艺术风格，也打破了静态版面的单一表现形式。虽然剪纸呈现是静态的形式，但是可以借助剪纸艺术的符号语言去引导版面与版面之间内容的传递，如巧妙运用民间剪纸中的阴阳剪法进行创意设计，将交互内容通过独特的剪纸技艺呈现出来，使整个电子书籍的版式呈现出更为丰富的艺术视觉效果。

剪纸艺术在民间美术中有较为重要的地位，它以朴实、鲜明、强烈的视觉特征传达传统民俗文化，同时又融入现代设计中，给现代设计提供了深刻的启示。将这种凝聚了中国民间文化内涵的艺术形式运用到电子书籍的设计中，不仅仅帮助电子书籍有效地传达书籍内容信息，将功能与形式较好地融合，又为民俗艺术的数字化的发展起到一定的作用。唤起读者对中国民俗文化更深层次的需求，这也是电子书籍内涵文化建设的一部分。设计者要积极研究民俗艺术风格的运用，更好地满足更多阅读者的多样化需求。

第五节　现代老年人电子书刊阅读平台的设计

以数字技术为代表的高科技信息技术已经深入到生活的方方面面，正如电子书刊的飞速发展，书刊不再是传统的纸质书籍而是通过安装在各种硬件终端包括手机、平板电脑、手持阅读器上的客户端，并以数字化的文本内容呈现在读者面前，具备图文声像结合并且可以容纳较大的信息量的特点外，也方便携带而且传播性强。由于电子书刊的优越性，读者的阅读方式逐渐从纸质阅读向网上阅读、手机阅读等多样化方式转移，实现随时随地的阅读体验。据调查，“受数字媒介迅猛发展的影响，2013年我国成年国民数字化阅读方式接触率持续增长，首次超过半数，达到50.1%，较2012年上升了9.8个百分点。其中，网络在线阅读、手机阅读和电子阅读器阅读均有所上升。与以往不同的是，本次调查对成年人群的调研放开了年龄上限70周岁的限制，因此，调查对象为我国全年龄段人口。”① 在2013年海城市举办的图书宣传周期间，工作人员对当地读者进行了一次读书调查，发现现在读书人群主要以老年人（60岁以上人群）为主，这个比例占到了总调查人数的35%，不难看出60岁以上的老年人的晚年生活中阅读成为他们较为重要的业余爱好。随着我国老龄人口的急剧增长，有资料统计在12年以后中国将有3亿老年人，这将是个庞大的群体。在新媒体时代，如何让老人享受无障碍的阅读将成为电子书刊的发展方向。随着网络、手机等新媒体的崛起，电子书刊给老年人带来方便的同时，在使用过程中也给他们增加了困难。在生理方面，老年人较青壮年时期发生了很大的变化。他们在阅读方面遇到的障碍是年轻人所体会不到的。目前电子书刊平台的设计是采用通用设计，面向各个年龄段的使用者。因此青年人认为简单易用的电子书刊平台，在老年人使用起来往往会经常出错或者不会使用。在生理方面，据资料统计显示，70岁健康老人的视力超过0.6的只有51.4%，青光眼、白内障等眼部疾病造成了老年人视力低下。另外，老年人对图形的感知力也在弱化，他们往往对较为熟悉的事物产生认知，对创新图形不太能够接受。在心理方面，电子书刊使老人获得更多的图书信息的同时，极大地丰富了老年读者的阅读生活，但相对于其他群体而言，老年读者仍然是使用电子书刊的弱势群体。随着年龄的增长，老年人对于书刊平台的接受能力逐渐降低，容易出现看不清、找不到、按不准等问

① 第十一次全国国民阅读调查结果公布［EB/OL］.（2014-04-22）.http://cpc.people.com.cn/n/2014/0422/C83083-24925251.html.

题。特别是书刊平台不能正常工作时，他们不知道该怎么解决，这让许多老年人产生挫败感，女性老年人比男性老年人在接受能力方面较弱。下面将从五个方面分析适合老年人的电子书刊平台设计。

一、操作方式

老年人的记忆力在不断衰退，学习能力也在不断下降。电子书刊平台在操作的设计上应主要符合老年用户的操作习惯和操作特点，电子书刊的操作方式要简单易行、清晰明了，尽量减少操作步骤。书刊功能主要围绕书刊品种分类，满足老年人基本阅读需求。值得注意的是，无论是使用手机、平板电脑或者手持阅读器等客户端，老年用户如何便捷地登陆平台是较为重要的环节，就像开门一样，难度较大的锁对于老人而言是负担，可以在登陆平台的操作方式上采用语音的识别系统或者指纹识别等较为便捷的登陆方式。

二、信息体系结构设计

信息架构是需要在建造网站一开始就考虑的。需要弄清楚怎样把这些内容和功能建构起来：怎样组织它们的关系、怎样标注、怎样引导用户通过界面达成他们的目标[①]。可以看出信息体系的结构设计是组织站点内容，满足用户查找不同信息的需求。因此结构设计应该简化，把书刊平台的结构定位于三个方面。第一是书刊的分类，分类设计要符合老年人的认知或者习惯，产品分类的清晰程度有利于书刊数据库的建立，便于访问者查找书刊，减少盲目地查找。针对老年人的电子书刊平台的书刊品种分类不宜过于复杂，主要体现日常生活中常见的种类。可以根据《中国图书馆分类法》进行分类，包括马列主义、毛泽东思想，哲学，社会科学，自然科学，综合性图书 5 个大部类，22 个基本大类。第二是书刊的搜索，有的受访者想通过书名或者作者名查找需要的书

① ［美］Jenifer Tidwell. Designing Interfaces［M］. De Dream，译. 北京：电子工业出版社，2008.

刊，这样通过搜索引擎以相对较快的速度获取信息，搜索结果页面还可以提供阅读书刊的评价和用户的喜爱程度。可以将搜索引擎与书刊品类放置在网页的导航条上，用颜色区分，老年人便可较快地找到搜索引擎。第三是用户相关信息的管理，如会员登录与注册、账户信息管理、浏览历史状态、个人偏好等，这些是网站设计的重要环节，为访问者的在线阅读提供强大的功能支持和安全保证。

三、功能设计

网站的功能设计是围绕建设网站的目的开展的，功能设计可以使阅读的流程更为顺畅和人性化，其中网页原型设计是功能设计中较为重要的部分，网页原型设计是把网站信息、功能和排版结合在一起较为有效的方法。通过调查分析．在年轻人看来简单的操作步骤对于老年人来说却是困难的，因此在功能设计中要简化操作程序，避免重复的功能。功能设计上的专业术语改为老人熟知的信息显示，尽量减少记忆量和操作难度。访问者的偏好设计也要体现人性化，当访问者登录到网页的页面时，可以通过 cookies 记录用户的登录信息，“cookies 是一些网站在用户电脑上保存的小的文本文件，里面记录了用户在网站上的偏好，下次用户再次登录同一网站时就会自动加载这些偏好。”① 例如访问者在选择哪种书刊页面停留时间比较长或者是购买了哪种电子读物，阅读了哪本书刊，阅读到哪一页，等等。当访问者下次登录网站时，页面体现出上次浏览网站的情况，不同的用户在每次登录后都会展现出不同的个人偏好，从而为老年人提供更为人性化的服务。同时在根据访问者前几次登录网站查阅信息的相关情况，归纳一些访问者较为感兴趣的书刊，提供给他们针对性较强的信息内容。

① ［美］Eric Butow. 用户界面设计指南［M］. 陈大炜，孙志超译. 北京：机械工业出版社，2008.

四、导航设计

导航的设计主要在于导航的方向性。导航的方向性是指导航文字的编排方式，分为横排导航、竖排导航、倾斜式导航三种。导航的方向决定了用户使用的便捷性和舒适性，导航设计是帮助人们从一个区域到达下一个区域。针对书刊的导航设计主要采用方便查找的横排导航或者竖排导航，使画面产生简洁的画面效果。导航的艺术性对网站的整体风格起着不可忽视的作用，同时也关系到网站的易用性。为了方便老年人更好更快地查找到所需要的书刊信息，在导航的视觉设计中更突出导航的内容，可以通过弱化网页页面中其他如广告条、图片、装饰等元素，也可以通过强化导航条的色彩和文字的表现形式，便于识别导航的内容。例如可以采用较为容易查找到的按钮形态或者是老年人喜爱的事物作为按钮，尽量采用较大的色彩对比和字号。在整个书刊网页设计中，导航的形式和位置都要保持一致。同样，同一个栏目下的局部导航也要与主导航保持一致，方便老人记忆。此外，老人在使用过程中容易出现操作失误造成书刊不能正常使用，可以在导航中加入一个复原的按钮选项，一旦出现问题可以恢复到主界面，这样也减轻了老人在使用过程中遇到错误操作所造成的烦恼。

五、交互设计

从用户角度来说，交互设计的目的就是了解各种有效的交互方式，并对它们进行增强和扩充，使用户以最佳的方式获取信息。[①] 老年人从忙碌的工作岗位退休之后，随着社会角色的转换，他们容易产生焦虑、自卑、孤独等心理问题。通过互动形式让他们获取信息，同时也能给他们带来良好的体验。交互设计是充分考虑访问者的体验感受，从点击按钮的状态到访问者与页面信息交流和反馈，人性化的交互设计能够吸引

① 唐芸莉．交互设计赏析［M］．北京：高等教育出版社，2010.

访问者兴趣，让书刊的阅读更加有趣。针对老年人电子书刊的设计，其导航的交互设计需要在把握用户体验的前提之下，调研分析用户的行为方式和思维方式，从而设计出交互的表现形式，让老年人体验趣味的阅读。根据唐纳德·诺曼的“情感化设计”理论，我们可以将交互体验分为感官体验（视觉体验、听觉体验和触觉体验）、行为体验和反思体验。视觉体验是用户进入交互所感受的第一种体验，视觉体验是通过视觉元素传递信息，视觉元素作为最直接与访问者交流的元素，选择适合的元素可以提升交互的舒适性和可用性。例如老年群体较为喜欢的传统戏剧、书画等中国元素运用到页面信息交互设计中，在交互界面中可以采用根据用户的偏好选择个性化用户界面，在网页页面相同版式的前提下，不同的界面形式搭配对应的互动图形，使信息互动的形式更加生活化。目前使用较多的交互技术如 Flash 按钮、交互式动画、flv 视频播放等，Flash 技术能够在一定程度上加强与用户的互动体验。当然在注重用户视觉体验的同时，互动形式不能以牺牲可用性为代价，要以有效地传递信息为前提，需要平衡好互动形式的艺术性与可用性的关系。

交互的感官体验中第二种体验就是听觉体验，听觉体验可以减轻他们阅读的障碍，比如界面中的按钮、交互信息以及书刊的页面翻阅等都可以在操作的同时伴以语音的提示，可以方便那些视力较弱的老人。当然老年人对声音敏感度较低，听力的频率范围也有所减少，除了采取音量可调节的方式外，还可以采纳触觉提示方面的交互形式，这也是交互的感官体验中第三种体验。与此同时，书刊内容也可以采用选择语音阅读的方式，方便那些无法正常阅读的老人们。

面向老年人的电子书刊的设计，它符合互联网时代老年人对精神文化的需求，这并非就意味着传统纸质书籍将会被电子书刊所取代，而是电子书刊更注重个性化、交互性和沉浸性，其应用于老年群体已经成为当今社会的一种趋势。面向老年人的电子书刊平台的设计还需要在大量的实践中完善，最终的目的是如何针对老年人这个群体，设计出有益的电子阅读平台，使他们在晚年生活中享受更加方便、快捷的阅读体验。

第六节　基于手机媒体的数字化图书平台

伴随着科技的发展，手机媒体成为人们生活中不可少的通信工具。保罗·莱文森在其著作《手机：挡不住的呼唤》一书中，对手机媒体的特性做出了精彩论述。莱文森认为，人类有两种基本的交流方式：说话和走路。可惜，自人类诞生之日起，这两个功能就开始分割，直到手机横空出世。[①] 手机被誉为具有潜力的第一媒体，它让我们可以离开电脑、离开电脑的房间；也可以让我们离开电话、离开电话的房间；我们握着手机就可以行走天下，我们可以一边说，一边看，同时做其他的事情。在2013年中国互联网络信息中心（CNNIC）发布的第31次《中国互联网络发展状况统计报告》中显示，截至2012年12月底，我国网民规模达到5.64亿，互联网普及率为42.1%，保持低速增长。与之相比，手机网络各项指标增长速度全面超越传统网络，较2011年底提升3.8%。数据显示，2012年我国手机网民数量为4.2亿，年增长率达18.1%，远超网民整体增幅。[②] 同时，据CNNIC于2009年2月18日发布的《中国手机媒体研究报告》显示，手机报所面向的用户特征为年龄处于19至29岁之间，学历一般为大专、本科及以上，从业性质多为学生和公司职员。[③] 可以看出大学生这个群体已经成为手机媒体受众中最为活跃的一部分，手机成为大学生生活中的必备用品，针对这个群体而言手机媒体相比于网络媒体具有一定的发展空间。目前大多数电子阅读类App软件只是简单地复制纸质书籍的形式，并没有对电子阅读的文

---

① 刘文沛，应宜伦．互动广告创意与设计［M］．北京：中国轻工业出版社，2008.

② 第31次中国互联网络发展状况统计报告［EB/OL］．（2013－01－15）．http：//www.cnnic.net.cn/hlwfzyj/hlwxzbg/hlwtjbg/201301/t20130115_38508.htm.

③ 中国手机媒体研究报告［EB/OL］．（2009－02－18）．http：//www.cnnic.net.cn/uploadfiles/pdf/2009/2/19/162704.

字、色彩以及版式进行合理设计，在设计上只是简单的文字、图片的罗列，缺乏具有特色的设计表现形式，界面形式雷同、枯燥，设计提高阅读舒适度的电子阅读类 App 势在必行。手机作为图书的阅读平台受到大学生的喜爱，学生不仅仅满足于书籍的数量，更多期待着体验书籍阅读平台的艺术性和趣味性。多媒体界面直接向公众传递信息，越来越体现出界面设计的重要性，界面设计在满足公众了解书籍信息的同时也能带给他们内心的愉悦体验。如何让浏览者更加愿意去体验、接受平台所传达的信息呢？从功能和形式两个方面着手，一方面是满足传递信息的功能，使信息齐全并有效地表达；另一方面满足大学生对界面风格的审美需求和情感需求。界面风格是设计中较为重要的一个环节，它决定了导航设计风格的定位、图片的选择、交互的形式等各个环节的设计，我们还可以设计几款形式多样的界面皮肤供学生选择，提高学生对于数字化图书平台的个性化追求。

根据大学生这样一个特殊的群体特征，在视觉设计上应该更加个性化，在视觉引导方面更加流畅，良好的视觉引导包括导航和按钮的清晰明确以及合理的功能布局，可以大大方便用户浏览。导航设计要准确，按钮设计要区别于其他元素，更加容易识别。布局方面要体现各项导航内容的信息以及与其他信息内容的区别度。色彩设计方面选择具有易视度的色彩，色彩的易视度受到色彩明度关系的影响，选择一些明度较高的色彩，更能体现大学生这个群体的青春活力。在配色方面，需要平衡好均衡原理与强调原理的关系，这种平衡在于寻求明暗的对比、纯度的调和以及色相比较方面的均衡。交互是在使用各种媒体过程中的感觉和体验，在交互设计的过程中，视觉的交互设计成为交互设计的主要内容。① 大学生通过视觉表现获得交互体验，更为便捷地获得信息。在设计图书平台时可以在部分界面中加入互动元素，改变以往平台功能的刻板，加入一些人性化的互动体验，更加适合大学生对个性化的追求。在

① 唐芸莉．交互设计赏析［M］．北京：高等教育出版社，2010.

互动元素的设计方面可以加入字体引导或者图形引导的互动表现形式，点击具有互动功能的元素就会出现形状、颜色或者声音的变化，可以增强学生对浏览内容的兴趣。我们也可以在进入首页之前先置入一段交互动画，引导学生进行交互信息的选择，以免交互界面突然出现而不知所措，尤其在个人中心这个版块。从学生的角度来说，要使用各种有效的互动方式，使自己在获得良好的体验同时获取信息。在书籍以外，微信、微博、博客等平台也增设了阅读的引导功能，加强了平台与读者的互动交流。博客的传播特点主要表现在三个方面：即时性、互动性和自主性。即时性，博客在即时性方面的优势凸显，用户随时随地可以更新自己的日志，也可以查阅到所关注的博客更新情况，只要用户对信息有即时同步的需求，便可以找到需要的信息。互动性，博客在用户与信息之间构建了连接两者的信息媒介，通过博客使相距千里的用户互动频率达到前所未有的程度，用户可以自由选择信息并对信息进行评价、反馈，从被动接收信息转变为自由选择乃至主动与博客的主人互动。自主性，博客的建立给用户搭建了沟通平台，用户可以根据自己的兴趣，以时间为顺序发表文章，自由阐述自己的观点，记录下日常工作生活中的困惑、感受以及思考。浏览者也可以根据自己的兴趣自主选择关联某人的博客，阅读博文，留言博主，与博主就某些问题展开交流。允许读者对平台的书籍撰写书评是博客的另一个优势，特别是大学生群体，他们思想活跃，乐于分享，敢于创新。通过他们的书评将更多的好书推荐给读者，激发他们作为推荐优秀电子图书的主体，提升阅读平台的阅读效率和品味，这也是一种互动形式。

结 语

21 世纪的图书市场已由一个地区、一个国家、一大洲发展到全球，这使得在任何一个地区的消费者都能购买到其他国家和地区的书籍，大大促进了书籍的世界性流通。图形成为一种无国界的交流语言，国与国之间不同的文化精神都可以通过书籍展现在世界读者面前，传递着不同民族的精神内涵，促进各国之间文化的交流与发展。现代的书籍设计中也越来越多地采用“图文书”这种设计形式，所谓的“图文书”就是将图形的视觉功能与文字的阅读功能巧妙地结合起来，可以说我们进入了一个空前的“读图时代”，图形的表现形式在书籍的设计中占有很重要的地位。在“读图时代”的潮流中，研究图形语言在现代书籍设计中的运用是很有意义的。本书从现代书籍图形语言的角度出发，总结归纳出几种常见的设计元素，并通过这几种设计元素的不同特征探讨各种元素的不同风格，特别是新文化运动时期，以鲁迅先生为代表的一批优秀的书籍装帧艺术家，正是他们对装帧艺术的改革和创新，才有了中国书籍装帧艺术的发展。书中对几位装帧艺术家的作品进行了分析和梳理，也是给当下书籍装帧设计的启示，期望书籍的设计能找准自身的定位，以免陷入无序化设计的盲区之中，造成图形语言的泛滥，最终影响书籍的美感以及书籍的整体设计，使书籍丧失艺术感。新的技术手段的介入总会给设计带来一场变革，电脑、数码产品的广泛使用，给书籍艺术带来了新的生机和活力。本书从图形的基本概念出发，主要讨论的是转换为数字化图形的设计元素以及在书籍装帧中的运用，我们把这些数字化设计元素称为图形的现代“词汇”。在书籍装帧中，有三种常见的设计元素，它们分别是：影像元素、绘画元素、文字元素。本书通过对书籍设计中图形语言的实例分析，总结元素在设计中不同的运用方式，从书籍设计的主要内容到书籍的版式设计，再回归到书籍的整体设计，从书籍整体设计的角度解读图形的表现形式，给图形语言提供了更为广阔的发展空间，以多元化的表达方式来演绎书籍的“构造学”。

丰子恺在《君匋书籍装帧艺术选》的前言中这样阐述书籍装帧艺术：“盖书籍的装帧，不仅求其形式美观而已，又要求能够表达书籍的内容意义，是内容意义的象征。这仿佛是书的序文，不过序文是用语言文字来表达的，装帧是用形状色彩来表达的。这又仿佛是歌剧的序曲，听了序曲，便知道歌剧内容的大要。”[①] 本书将图形语言放置于特定的媒介中，研究书籍设计中的图形语言，有很强的针对性。书中同时结合现代数字手段，诠释信息时代下图形语言的数字化进程；通过设计作品以及笔者的实践进行深入的探讨，理论联系实际，研究不同元素在设计中所展现的不同风格。除了图形语言的运用外，笔者还将图形语言与书籍装帧材料以及书籍形态相结合，探索图形语言与视觉、触觉等感官组合形成的多层次的整体美，探讨“多元美感”的设计观，反映出图形表现形式的多元化倾向，以多元化的表现形式来演绎书籍的“构造学”。图形语言就像文章中的词汇一样，我们必须学会运用恰当的词汇、合适的语言，将它们融入句子中，才能形成一篇优美的文章。图形作为装帧中三要素之一，是书籍设计中非常关键的环节，直接影响到三要素之间的关系以及信息传达的准确性。有时候图形比文字更形象、更具体、更直接，运用图形语言的词汇进行沟通交流，这也是图形艺术魅力的体现。随着时代的发展，图形语言也将有更为广阔的发展空间。近 20 年来，我国书籍艺术呈现出空前的发展势头，随着我国经济的发展和出版事业的繁荣，书籍装帧艺术也将逐渐走向特色化发展道路。

① 钱君匋．君匋书籍装帧艺术选［M］．北京：人民美术出版社，1963.

参考文献

[1] 王传东．现代摄影教程［M］．济南：山东美术出版社，2003.

[2] 张道一．鲁迅与书籍装帧［J］．南京艺术学院学报，1978(02)：70.

[3] 吴永贵．民国出版史［M］．福州：福建人民出版社，2011.

[4] 鲁迅．花边文学［M］．北京：人民文学出版社，1973.

[5] 鲁迅．呐喊［M］．北京：鲁迅全集出版社，1941.

[6] 鲁迅．而已集［M］．上海：北新书局，1933.

[7] 鲁迅．热风［M］．北京：北京联合出版公司，2014.

[8] 鲁迅．南腔北调集［M］．南京：译林出版社，2014.

[9] 唐弢．唐弢文集（第六卷）·鲁迅研究卷（上册）［M］．北京：社会科学文献出版社，1995.

[10] 张道一．张道一论民艺［M］．济南：山东美术出版社，2008.

[11] 鲁迅．集外集拾遗［M］．北京：人民文学出版社，2006.

[12]［俄］契诃夫．坏孩子和别的奇闻［M］．鲁迅，译．北京：人民文学出版社，1953.

[13] 钱君匋．书衣集［M］．太原：山西人民出版社，1986.

[14]《鲁迅文集全编》编委会．鲁迅文集全编［M］．北京：国际文化出版公司，1995.

[15] 麦绥莱勒．一个人的受难［M］．上海：上海人民美术出版社，1957.

[16] 张道一．造物艺术论［M］．福州：福建美术出版社，1989.

［17］郭大顺．龙出辽河源［M］．天津：百花文艺出版社，2001.

［18］雷圭元．再谈谈图案学习上的几个问题［J］．装饰，1959（7）：14.

［19］钦文．《鲁迅日记》中的我［M］．杭州：浙江人民出版社，1979.

［20］［日］厨川白村．苦闷的象征［M］．鲁迅，译．北京：人民文学出版社，2007.

［21］邱陵．邱陵的装帧艺术：装帧史论·装帧设计·写生作品选［M］．北京：生活·读书·新知三联书店，2001.

［22］唐弢．晦庵书话［M］．北京：生活·读书·新知三联书店，2007.

［23］钱君匋．钱君匋论艺［M］．杭州：西泠印社，1990.

［24］钱君匋．钟声送尽流光［M］．北京：地震出版社，2014.

［25］高信．民国书衣掠影［M］．上海：上海远东出版社 2010.

［26］钱君匋．君匋书籍装帧艺术选［M］．北京：人民美术出版社，1963.

［27］钱君匋．水晶座［M］．上海：亚东图书馆，1929.

［28］丰子恺．《陈之佛画集》序［J］．南京艺术学院学报（美术与设计版），2006（2）：186.

［29］李有光、陈修范．陈之佛研究［M］．南京：江苏美术出版社，1990.

［30］张道一．张道一文集［M］．南京：东南大学出版社，2009.

［31］陈之佛．陈之佛文集［M］．南京：江苏美术出版社，1996.

［32］袁熙旸．陈之佛书籍装帧艺术新探［J］．南京艺术学院学报，2006（2）：152－159.

［33］王朝闻．适应与征服［M］．南昌：江西人民出版社，1983.

［34］宗白华．艺境［M］．北京：北京大学出版社，1999.

［35］石应平．中外民俗概论［M］．成都：四川大学出版

社，2002.

[36] 邓中和．书籍装帧创意设计［M］．北京：中国青年出版社，2004.

[37] 程庸，若隐．中国元素［M］．上海：东方出版中心，2009.

[38] 唐芸莉．交互设计鉴赏［M］．北京：高等教育出版社，2010.

[39]［美］Jenifer Tidwell. Designing Interfaces［M］. De Dream，译．北京：电子工业出版社，2008.

[40]［美］Eric Butow. 用户界面设计指南［M］．陈大炜，孙志超，译．北京：机械工业出版社，2008.

[41] 刘文沛，应宜伦．互动广告创意与设计［M］．北京：中国轻工业出版社，2008.

[42] 孙淑芳．论鲁迅小说中色彩语码的隐喻内涵［J］．鲁迅研究月刊，2014（9）：37.